国家自然科学基金项目(71871088、71501066、71
湖湘青年英才支持计划项目
湖南省自然科学基金项目(2017JJ3024)

U0512547

金融市场关联性测度及应用研究

王纲金 谢赤 ◎ 著

中国财经出版传媒集团
经济科学出版社
Economic Science Press

图书在版编目（CIP）数据

金融市场关联性测度及应用研究／王纲金，谢赤著．
—北京：经济科学出版社，2020.11
ISBN 978-7-5218-2133-8

Ⅰ.①金… Ⅱ.①王… ②谢… Ⅲ.①金融市场-研
究 Ⅳ.①F830.9

中国版本图书馆 CIP 数据核字（2020）第 242165 号

责任编辑：凌　敏
责任校对：王肖楠
责任印制：李　鹏　范　艳

金融市场关联性测度及应用研究

王纲金　谢赤　著

经济科学出版社出版、发行　新华书店经销
社址：北京市海淀区阜成路甲 28 号　邮编：100142
教材分社电话：010-88191343　发行部电话：010-88191522
网址：www.esp.com.cn
电子邮箱：lingmin@esp.com.cn
天猫网店：经济科学出版社旗舰店
网址：http://jjkxcbs.tmall.com
北京密兴印刷有限公司印装
710×1000　16 开　13.25 印张　170000 字
2020 年 12 月第 1 版　2020 年 12 月第 1 次印刷
ISBN 978-7-5218-2133-8　定价：58.00 元
（图书出现印装问题，本社负责调换。电话：010-88191510）
（版权所有　侵权必究　打击盗版　举报热线：010-88191661
QQ：2242791300　营销中心电话：010-88191537
电子邮箱：dbts@esp.com.cn）

前　言

　　2008 年金融危机爆发后，人们广泛关注金融实体"过度关联"所带来的道德风险，这是因为高度关联的金融实体的极端损失或破产（如雷曼兄弟倒闭），将会传染或影响到金融系统中其他金融实体，而这将导致金融传染的"多米诺效应"并演变成系统性事件（如金融危机），从而破坏金融系统的正常功能并损害实体经济。准确理解与描述金融市场关联性，一方面有利于市场参与者与监管者捕捉市场信息以及制定经济政策；另一方面有助于理解金融资产价格的形成机理，对金融资产的优化配置与风险管理具有重要的实践指导意义。金融市场内外个体之间的相互作用是复杂变化的，导致金融市场的内外运行机制与规律难以准确地描述与刻画。因此，考虑到金融市场是复杂的动力系统，本书以复杂系统理论为分析基础，具体从分形分析理论、复杂网络理论及随机矩阵理论三方面进行金融市场关联性测度与应用研究。

　　本书共 5 章。第 1 章为绪论，主要介绍本书的研究背景及意义、相关理论的文献综述以及研究思路与研究内容的简要说明。第 2 章为金融市场关联性的理论分析与测度方法。第 3 章为基于分形分析的两个金融市场关联性研究。第 4 章为基于复杂网络的多个金融市场关联性研究。第 5 章为基于随机矩阵的金融市场内部关联性研究。

　　本书注重理论与实际的结合，具有较高的学术价值，弥补了国内外相关领域研究的不足。第一，基于分形分析理论，提出新的套期保值比率设定方法，即降趋势最小方差套期保值比率法。该方法可以设定不同时间尺度下的套期保值比率，从而满足市场上大量套期保值者不同的时间尺度或者周期下的对冲需求。第二，基于复杂网络理论，从时间层面的不同划分展开有关多个金融市场关联性研究：一是提出基于动态时间弯曲方法的关联性网络构建方法，研究美国次贷危机背景下的全球外汇市场的关联性及其网络的拓扑特征；二是提出多尺度关联性网络构建方法，研究不同时间尺度下的全球外汇市场的关联性及其网络的拓扑与统计性质；三是提出基于动态 Copula 法的时变关联性网络构建方法，研究动态时变的全球外汇市场的关联性及其网络的拓扑与统计性质。第三，提出多尺度的随机矩阵理论方法，研究不同时间尺度下金融市场内部的关联性及其统计性质。

书中难免存在不足和错误，恳请读者不吝赐教、指正。

王纲金

2020 年 8 月 6 日

目　　录

第1章 绪 论

1.1 研究背景与研究意义

1.1.1 研究背景

金融市场是以金融资产或金融产品为交易对象而形成的资金供给者与需求者之间进行资金融通的场所,包括货币市场、外汇市场、资本市场、期货市场等。其中,资金融通是指在经济运行过程中,资金供给者与需求者运用各种金融工具或者衍生工具(如股票、期货、期权、债券等)来调节资金盈余的活动。金融市场对经济活动的各个方面有直接或者间接的影响,如个人的财富、企业的运营与管理、经济运行的效率,都与金融市场的活动相关。

自20世纪80年代以来,特别是冷战结束之后,经济全球化与金融自由化的趋势日益明显。随着通信技术以及网络技术日新月异的发展,信息的高速融合与传递已经实现,推动了经济全球化的发展,也进一步促进了金融市场间的相互依赖与相互影响。同时,各国对金融市场监管的放松也加速了全球金融资本的自由流动,从而使得金融市场间的联系日益紧密，金融市场间的关联性不断提高。

随着金融、经济活动的相互影响和相互渗透，以及市场信息的大量传递与交流，金融市场间的交互行为及关联性显现出显著上升的趋势。金融市场的交互行为推动了全球金融、经济资源的优化配置，但也导致近年来频繁爆发的金融危机在全球各个金融实体中的广泛蔓延与恶化。例如，1992～1993 年的欧洲货币体系危机导致欧洲汇率机制的强烈震荡；1994～1995 年的墨西哥金融危机波及整个拉美国家，甚至蔓延到了欧洲、亚洲国家；1997～1998 年的亚洲金融危机重创了多个亚洲新兴国家的经济并演变为全球性的金融危机；1998～1999 年的俄罗斯金融危机使得俄罗斯本已困难重重的经济雪上加霜；2001～2002 年的阿根廷金融危机造成阿根廷背负更为沉重的外债负担；2007～2008 年的美国次贷危机从抵押贷款机构、投资银行波及保险公司、商业银行与储蓄机构，并迅速蔓延到全球主要的金融市场，导致 2008～2009 年全球性的金融危机爆发，重创全球经济，为"百年不遇"的金融危机，传染范围之广是历次危机之最。之后，新的主权债务危机使得全球金融危机进一步升级，始于希腊的欧洲债务危机则在 2009 年末爆发。

时至今日，全球经济仍未摆脱金融危机的威胁，仍处于艰难的复苏之中。从近 20 多年来爆发的金融危机可以发现，不管是金融市场开放程度相对较低的新兴国家还是市场高度成熟的发达国家，都难以在广泛蔓延的金融危机之中独善其身。

世界各国经济与金融的发展紧密相连，不论是由各个国家的金融市场所构成的全球金融系统，还是一个国家乃至一个地区金融系统内众多金融个体之间，都有着千丝万缕的复杂关联关系，最终构成了各种规模大小不同的复杂金融系统（Mantegna and Stanley，2000）。

因此，在金融危机蔓延全球的今天，金融市场关联性以及资产关联性的研究在金融风险管理，投资组合优化以及资产定价中有着重要的地位。具体而言，金融市场关联性研究不仅有助于理解和刻画复杂金融系统的动态机制，还有利于金融市场价格的预测、投资组合模型的构建以及资产风险的防范与管理。

金融市场的关联性研究是对金融市场的关联程度进行分析与度量。传统的皮尔森（Pearson）相关系数、斯皮尔曼（Spearman）秩相关系数与格兰杰（Granger）因果检验等常用的关联性测度方法，各自存在一定的局限性（王璐等，2008）。例如，皮尔森相关系数是用来度量变量之间的线性相关性，它假定变量的二阶矩与协方差都存在，但现实中的金融变量往往表现出非常强烈的非线性特性以及"尖峰厚尾"分布特点，而且变量的二阶矩并不一定存在（韦艳华和张世英，2004）。斯皮尔曼秩相关系数虽然能用来度量金融变量秩的相关性，但它只能对变量之间的全局关联性进行度量，而不能度量复杂金融变量之间的局部关联性。格兰杰因果检验只能定性地判断变量之间的相互关系，而无法得到定量的分析结果，且不能准确地描述与刻画金融变量之间的局部关联性。

另外，金融市场是一个由大量个体（元素）组成的复杂动力系统，因此又称之为金融复杂系统。由于金融市场内外个体（元素）之间的相互作用是复杂变化的（如市场中大量金融实体的价格波动之间存在着复杂的相互关系），导致金融市场的内外运行机制与规律难以准确地描述与刻画，其中一个难以理解与刻画的行为是金融市场的关联性。这是因为市场的关联性往往表现出强烈的非线性、复杂性、动态性等特征，使得金融市场关联性研究成为金融市场学的研究难点与热点。在此背景下，如何准确地刻画并度量金融市场的关联性行为及其非线性、复杂性、动态性等特征，是一个复杂且迫切需要解决的问题。

1.1.2 研究意义

理解与描述金融市场的关联性，不仅有利于市场参与者与监管者捕捉市场信息以及制定经济政策，而且也有助于理解金融资产价格的形成机理，对金融资产的优化配置与风险管理具有重要的实践指导意义（吴吉林和原鹏飞，2009）。由于金融市场是复杂的动力系统，因此本书以复杂系统理论为分析基础，具体从分形分析理论、复杂网络理论和随机矩阵理论三方面进行金融市场关联性测度方法及应用研究。本书的研究具有一定的理论与实践意义。

本书对金融市场关联性度量理论的丰富有着重要的价值。一是采用分形分析理论分析金融市场的关联性，发现金融市场的关联性呈现分形与多重分形的非线性特性，这进一步丰富了分形市场假说的理论，也弥补了传统的计量与统计方法在关联性度量方面的不足。二是采用复杂网络理论研究复杂金融系统的交互行为，以系统的角度分析与度量金融市场的复杂性与动态性，从一个新的视角分析整个系统的交互行为与特征，从而有效地度量多个金融市场之间的关联性，是传统的关联测度方法所不能实现的。三是采用随机矩阵理论度量金融市场内的个体之间的内在交互行为，发现其关联性矩阵存在着大量的随机噪声，从而表明金融市场存在着众多的噪声交易行为。此外，本书还发现不同时间尺度下的关联性具有不同的统计特性，这将有助于多尺度关联性分析理论的丰富与发展。

本书对金融市场的风险管理有着重要的实践与指导意义。一是金融市场关联性呈现分形与多重分形的非线性特性，将为金融市场价格的预测提供新的思路与依据。二是利用复杂网络的方法构建金融资产树，并通过对网络的聚类分析理论研究，为投资者进行资产的选择与投资提供有力依据。三是采用随机矩阵理论，过滤金融资产关联性矩阵的随机噪声，有利于投资者构建投资组合模型，选择最优的组合策略，从而降低资产组合的风险。

1.2　相关文献综述

本节将以复杂系统理论为分析基础，具体从分形分析理论、复杂网络理论和随机矩阵理论三方面进行金融市场关联性研究的文献综述。

1.2.1　分形分析

根据分形创始人、著名数学家本华·B. 曼德博（Benoit B. Mandelbrot）给出的定义，分形是指部分以某种形式与整体相似的形体（Mandelbrot，1982），而这种相似行为被称之为自相似性。大量研究表明，金融时间序列普遍存在着自相似性，即时间序列的组成部分在统计意义上与整体相似，人们称之为统计分形（黄超等，2006）。统计分形主要用来刻画自然与社会现象中不规则形体内在的规律特性，即所谓的标度不变性。分形现象不仅广泛存在于自然界中，如云朵的构成、海岸线的长度、河流的分布、闪电的形状、雪花、DNA 序列和大脑皮层的结构等，而且也普遍存在于经济学与金融学中，如财富的分布、股价的收益、汇率的波动等（都国雄和宁宣熙，2007）。埃德加·E. 彼得斯（Edgar E. Peters）将分形分析理论引入经济与金融系统中，主要采用由霍斯特（Hurst，1951）提出的重标极差分析法（rescaled range analysis，R/S）进行金融时间序列的分形分析，并首次提出了分形市场假说，即金融市场本质上是一个复杂的动态系统，而分形是刻画与描述这一系统的有力工具（Peters，2002）。

对于单个非平稳时间序列，基于分形分析理论，学者们通常运用降趋势波动分析（detrended fluctuation analysis，DFA）方法分析时间序列的长程自相关性（Peng et al.，1994）。此后，DFA 方法被广泛用于分析金融时间序列的长程记忆性以及自相关性（Stanley et al.，1999；Grech and Pamuła，2008；Wang and Liu，2010）。在 DFA 方法的基础上，降趋势关联分析（detrended fluctuation cross-correlation analysis，DCCA）方法被提出并用于研究两个时间序列的关联性（Podobnik and Stanley，2008）。该方法指出，关联波动函数 $F_{xy}(s)$ 和时间间隔（时间尺度）s 之间存在标度幂律关系 $F_{xy}(s) \sim s^{h_{xy}}$，其中 x 与 y 分别代表两条不同时间序列，h_{xy} 为关联尺度指数，该指数等同于经典的霍斯特指数 H。关于关联尺度指数 h_{xy}，具有三种情况：一是如果 $0.5 < h_{xy} < 1.0$，则两个时间序列的关联性呈现持久性或者正向关系。这表明如果其中的一个价格序列上涨或下跌，另外一个价格序列则有可能伴随着上涨或下跌。二是如果 $0 < h_{xy} < 0.5$，则两个时间序列的关联性呈现反持久性或者负向关系。这表明如果一个价格序列上涨，另外一个价格序列则有可能伴随着下跌，反之亦然。三是如果 $h_{xy} = 0.5$，则两个时间序列不存在关联性，即其中的一个价格序列的变化不会影响另一个价格序列的行为。基于 DCCA 方法分析 1993 年 7 月到 2003 年 11 月期间美国道琼斯（DJIA）指数和纳斯达

克（NASDAQ）指数的关联性，可以发现两个指数之间的波动率存在正向的幂律关联性（Podobnik and Stanley，2008）。自此，DCCA 方法被广泛应用于两个非平稳时间序列的关联性分析，比如交通流关联性分析以及金融市场关联性分析。例如，通过 DCCA 方法分析1950 ~ 2009 年标准普尔 500 指数 14981 日数据，发现标准普尔 500 的成交量的变化和价格的变化之间存在幂律关联性（Podobnik et al.，2009）。基于 DCCA 方法研究 2000 年 8 月 10 日到 2008 年 4 月 30 日期间巴西股票市场和商品市场之间的关联性，可以发现巴西股票市场和商品市场的价格波动率存在较强的关联性（Siqueira Jr. et al.，2010）。采用 DCCA 方法探究原油现货市场和期货市场之间的关联性，发现两者之间的关联性呈现弱的持久性（Liu and Wan，2011）。

基于 DFA 和 DCCA 方法，泽本德（Zebende，2011）提出一种新的降趋势关联系数，即 DCCA 关联性系数 ρ_{DCCA}，又称多尺度关联系数，用于度量两个时间序列的关联性水平，如空气温度和空气相对湿度的关联性水平（Vassoler and Zebende，2012）。该系数可以度量两个时间序列之间的非线性相关性，其显著的优点是该系数能在不同的时间尺度 s 下分析时间序列之间的关联性（Podobnik et al.，2011）。例如，曹广喜等（Cao et al.，2012）基于 ρ_{DCCA} 系数研究人民币外汇市场和中国股票市场的关联性，发现 ρ_{DCCA} 系数的最小值显著大于标准值，即关联性显著存在于这两个市场中。顾荣宝等（Gu et al.，2013）利用 ρ_{DCCA} 系数分析上海股票市场，发现随着市场多重分形强度的增大，相应的市场有效性会降低。雷沃雷多等（Reboredo et al.，2014）采用 DCCA 关联性系数法研究原油价格与美元汇率的相关性，结果显示不同时间尺度下两者之间的关联性系数为负，特别是在大的时间尺度下两者的关联性系数非常小。

　　许多研究表明，金融市场存在多重分形特性是一个既定的事实，分形市场假说广泛在金融市场中得以验证（Matia et al.，2003；Schmitt et al.，2011；Oh et al.，2012）。对于单一非稳定的金融时间序列，学者们通常采用多重分形降趋势波动分析法（Multifractal DFA，MF-DFA）计算其广义霍斯特指数 $h(q)$（Kantelhardt et al.，2002），其中波动函数 $F_q(s)$ 和时间尺度 s 存在幂律关系 $F_q(s) \sim s^{h(q)}$，$h(q)$ 为非线性函数。当 $q = 2$ 时，MF-DFA 方法退化为 DFA 方法。自 MF-DFA 方法提出之后，它被广泛应用于金融市场的多重分形特性分析，比如股票市场（Wang et al.，2009；Bolgorian and Raei，2011；Rizvi et al.，2014）、农产品市场（He and Chen，2010；Kim et al.，2011），国际原油市场（Wang et al.，2011）、黄金市场（Bolgorian and Gharli，2011；Ghosh et al.，2012）以及外汇市场（Norouzzadeh and Rahmani，2006；Kim et al.，2012）。

　　为了研究两个不同时间序列的多重分形特性，基于 MF-DAF 以及 DCCA 方法，周炜星教授（Zhou，2008）提出多重分形降趋势关联分析方法（MF-DCCA）。该方法指出，关联波动函数 $F_q(s)$ 和时间尺度 s 存在幂律关系 $F_q(s) \sim s^{h_{xy}(q)}$。特别当 x 与 y 为同一时间序列时，MF-DCCA 方法退化为 MF-DFA 方法。自此，MF-DCCA 方法被广泛用于分析两个不同金融市场之间关联性的非线性特性和多重分形特性。比如，曹广喜等（2012）基于 MF-DCCA 方法研究中国外汇市场与股票市场之间的关联性，结果表明两者之间的关联性存在着多重分形特性，且表现出正向的关联性行为。通过该方法分析中国 A 股市场与 B 股市场的关联性得到如下两个结论：一是在小的尺度下，关联性的小波动呈现持久性，而大的波动呈现反持久性；二是在大的尺度下，关联性的大小波动均表现为持久性（Wang et al.，2010）。同时，王玉东等（Wang et al.，2011）研究西德州中级原油（west texas intermediate，WTI）现货市场与期货市场的关联性发现，在小的尺度下关联性呈现强的多重分形特性，而在大的尺度下关联性表现为单分形特性。何凌云和陈舒鹏（He and Chen，2011）基于 MF-DCCA 方法研究中美两国农产品期货市场的关联性，实证结果表明，当阶数 $q <$ 0 时，两市场的关联性尺度指数 $h_{xy}(q)$ 小于平均广义霍斯特指数 $[h_{xx}(q) + h_{yy}(q)]/2$，即 $h_{xy}(q) < [h_{xx}(q) + h_{yy}(q)]/2$，而当 $q > 0$ 时，关联性尺度指数大于平均广义霍斯特指数，即 $h_{xy}(q) > [h_{xx}(q) + h_{yy}(q)]/2$。王纲金和谢赤（Wang and Xie，2012）研究 2002 年 1 月 2 日到 2012 年 6 月 29 日 WTI 原油市场和美国股票市场间的关联性，通过 MF-DCCA 方法发现，两个市场间的关联性行为表现为非线性和多重分形特性。王纲金等（Wang et al.，2014）研究能源市场与排放市场的关联性行为，即原油价格、天然气价格、二氧化碳（CO_2）价格两两之间的关联性，发现关联性呈现幂律以及正向持久的特性，并表现出非线性与多重分形行为。

1.2.2　复杂网络

复杂网络是对包含多个个体以及个体之间相互作用的复杂系统进行抽象与描述的理论，其中网络中的顶点对应系统中的个体，而网络中连接顶点之间的边代表个体之间的相互作用与联系（狄增如，2011）。复杂网络理论广泛应用于复杂系统的研究，比如神经系统网络、万维网络、交通网络、社交网络（如微博）、航空网络、科研合作网络、通信网络等（黄玮强等，2008）。近年来，大量学者通过复杂网络理论研究金融市场的关联性，比如在股票市场中，研究股票之间的关联性网络的拓扑结构及其演化性质，并挖掘网络内在的聚类特性等。在金融市场分析当中，常见的复杂网络构建算法有最小生成树（MST）（Mantegna，1999）、平面最大限度滤波图法（planar maximally filtered graph，PMFG）（Tumminello et al.，2005）、阈值法（又称相关门限法、市场图法）（Onnela et al.，2004；Boginski et al.，2005）等。

在股票市场，曼特尼亚于 1999 年首次使用相关性网络分析工具——最小生成树和层次数（HT），分析各只股票价格之间的相似性，并寻找最优的投资组合策略。随后，MST 网络方法被广泛用于探寻金融市场的拓扑结构性质，例如股票市场（Onnela et al.，2003；Jung et al.，2006；Pozzi et al.，2008；Miccich E，2013）、期货市场（Gilmore et al.，2008）、商品市场（Sieczka and Hołyst，2009）、信用违约互换市场（Kim and Jung，2014）等。

此外，MST 方法也被广泛应用于外汇市场，分析汇率之间的关联性及其网络演化特性。MST 方法的主要步骤分为三步：第一，计算出任意两国汇率间的相关系数，并在此基础上计算出其欧式距离；第二，利用克鲁斯卡尔（Kruskal）算法，构建出各国汇率之间的 MST 网络结构；第三，将最小生成树映射为指数分层结构。目前有大量的文献使用拓扑结构理论分析外汇市场。其中，奥尔特加和迈坦桑兹（Ortega and Matesanz，2005）分析 1990～2002 年 28 种货币实际汇率的性质，并使用最小生成树构建汇率网络结构。结果表明，外汇市场网络结构可以划分为几个区域，这些区域包含的国家具有明显的地域相似性。美津浓等（Mizuno et al.，2006）也得到相似的结论，他们研究 1999～2003 年 26 种货币汇率和 3 种贵金属（金、银与铜）的价格收益率，根据相互之间的相关系数构建最小生成树。结果表明，美元在外汇市场占有着主导的地位，其他主要的货币（如欧元）以不同形式存在于外汇市场中。内勒等（Naylor et al.，2007）研究 1995~2001 年由 44 个货币组成的外汇市场网络，分别使用美元（USD）与新西兰币（NZD）作为基准货币构建了两个 MST 网络，研究发现在东南亚金融危机时期，亚洲货币强有力地聚集在一起。此外，基于 MST 以及 HT 方法，克斯金等（Keskin et al.，2011）分别使用美元和土耳其里拉（TRY）作为兑换货币，构建并研究 2007~2008 年 34 个主要货币之间的关联性网络。其结果发现：亚洲和欧洲国家的货币在地域上具有很好的聚集效应；基于土耳其里拉作为兑换货币构建的网络比基于美元作为兑换货币构建的网络受到危机的影响更明显。张伍硕等（Jang et al.，2011）研究 1990~2008 年各个金融（货币）危机（如东南亚金融危机、阿根廷危机、美国次贷危机等）对外汇市场结构的影响。结果表明，经历东南亚金融危机之后，欧元与美元呈强烈的负相关关系。而分别经历东南亚金融危机和阿根廷危机之后，亚洲货币和拉丁美洲货币分别聚集于以美元为中心的区域。迈坦桑兹和奥尔特加（Matesanz and Ortega，2014）采用相位同步系数构建 28 个汇率数据的关联性矩阵，然后基于最小生成树分析外汇市场网络的拓扑结构与性质，同时也研究金融危机对外汇市场网络的影响。

由于 MST 方法主要通过提取相关性矩阵内强度最大的关联性信息，将有可能会导致一些相对较弱但很重要的关联性信息丢失。为了克服 MST 的缺点，一些既保持原有 MST 网络特征但更大限度保持网络相关性有效信息的网络滤波方法相继被提出，例如平面最大限度滤波图法（PMFG）与阈值法。图米内洛等（Tumminello et al.，2005）在《美国科学院院刊》（PNAS）上首次提出 PMFG 法，该方法的构建算法与 MST 法相似，二者的最大区别：一是在图中，对新加入边的约束不同，MST 法要求新加入的边与已有的边不能构成环，而 PMFG 法对这一约束进行了放松，只要求加入新边之后构成的图是可平面图即可，即所有加入的边能互不交叉地画在一个平面上；二是两者边的数量不同，MST 法通过 $N-1$ 条边连接 N 个顶点，而对于可平面图，节点数 $N(N \geqslant 3)$ 和边数 q 需满足关系 $q \leqslant 3N-6$，所以 PM-FG 法通过 $3N-6$ 条边连接 N 个顶点。由可平面图的库拉托夫斯基（Kuratowshki）定理可知，PMFG 法只含有 3 派系以及 4 派系。关于 n 派系指的是含有 n 个顶点，且任一顶点都互相连接的一个完全子图。总而言之，PMFG 法在保留原有 MST 的等级结构的同时，最大限度地包含更多边用于提取网络中的相关性信息。由于 PMFG 法含有环以及派系结构，相对于 MST 法，PMFG 法的网络拓扑结构更为复杂。PMFG 法被广泛应用于金融市场的关联性以及聚类分析研究。例如，黄玮强等（2008）运用 PMFG 法构建上海证券市场与深圳证券市场所对应的关联性网络，发现这两个市场的关联性网络为小世界网络，且各关联性网络内的股票影响强度遵从幂律分布。阿斯特等（Aste et al.，2010）通过 PMFG 法构建 1996~2009 年美国证券市场 395 只股票之间的关联性网络。结果表明，2008 年美国次贷危机爆发后，股票之间的关联性明显增强，并且金融类的 34 只股票不再处于网络的中心位置，持续 13 年的市场结构发生了改变。宋栋鸣等（Song et al.，2011）基于 PMFG 法构建 1996~2009 年 57 个世界主要证券市场之间的关联性网络，发现证券市场间的关联性网络存在动态变化，其中长期内的动态变化与经济发展以及全球一体化密切相关，而短期内的动态变化则受到某种大事件的影响，例如 1997 年亚洲金融危机、1998 年俄罗斯金融危机以及 2008 年美国次贷危机等。张怡婷等

（Zhang et al.，2011）采用 PMFG 法构建 2000～2009 年 10 个美国道琼斯经济部门指数间的关联性网络，发现经济增长（低波动）期间，该网络呈星形拓扑结构，而在金融危机（高波动）期间，该网络则呈现链状拓扑结构。

博金斯基等（Boginski et al.，2005）利用阈值法分析股票市场关联性网络的统计性质。结果发现，金融网络的度分布具有幂律特性，并发现派系以及独立集合的存在。阈值法构建股票市场关联性网络的步骤如下：假定股票市场上的股票为无向无权网络的节点集，对于任意节点 i 和节点 j，计算得到股票 i 与股票 j 之间收益率的互相关系数 C_{ij}，其中 $-1 \leqslant C_{ij} \leqslant 1$，对于给定的阈值 $\theta(\theta \in [-1,1])$，如果 $C_{ij} \geqslant \theta$，则对节点 i 和节点 j 进行边的连接。随后可以根据网络的度分布、聚集系数和平均路径长度等统计性质，分析所构建网络的小世界效应和无标度特性等。基于阈值法，博金斯基等（Boginski et al.，2006）构建 1998～2002 年美国股票市场的关联性网络，分析该网络拓扑结构的动态演化特性。结果表明，可以利用关联性网络的方法挖掘股票市场所隐藏的有用信息。黄玮强等（Huang et al.，2009）利用阈值法构建中国股票市场的关联性网络，研究所构建网络的结构性质以及拓扑稳定性，发现中国股票市场关联性网络服从幂律特性，相对于随机网络，该网络具有强健的鲁棒性，但是若对该网络进行蓄意攻击，则表现出明显的脆弱性。邱天等（Qiu et al.，2010）采用静态与动态阈值法构建了 1997～2008 年中美两国股市的动态关联性网络，研究发现网络的平均聚类系数与平均度呈现长程自相关性。维兹古诺夫等（Vizgunov et al.，2014）通过阈值法分析了 2007～2011 年不同时期俄罗斯股票市场网络，发现在 2008 年金融危机时期，该网络的拓扑特征发生了显著的变化。

总的来说，金融市场是一个复杂的动态系统，市场中大量金融个体之间存在复杂的相互作用以及关系。复杂网络理论正成为新的研究热点，越来越多的研究运用复杂网络理论挖掘与分析金融市场之间、金融市场内部个体之间的动态交互性，有助于金融资产的投资组合与风险管理。

1.2.3　随机矩阵

随机矩阵理论（random matrix theory，RMT）最早应用在核子物理领域，用来描述亚原子粒子间的交互作用，根据魏格纳（Wigner）的研究，随机矩阵特征值的统计性质与实验数据的性质吻合得很好（Wigner，1951）。随机矩阵理论最早应用在金融领域用来分析金融市场的关联性，是从拉卢等（Laloux et al.，1999）和普鲁等（Plerou et al.，1999）同时发表在《物理评论快报》上的两篇论文开始的。他们都使用 RMT 研究美国股票间波动的关联性，前者选取 1991 ~ 1996 年标准普尔 500 指数的 466 只股票价格作为实证数据，后者选取 1994 ~ 1995 年 1000 家美国上市公司股票价格的 30 分钟的高频数据作为研究对象。尽管两者的实证数据不同，但是各自的结果都显示股票收益序列的关联性矩阵包含了大量的随机噪声，并得到相似的结论——代表金融市场的最大特征值（$\lambda_{largest}$）比随机矩阵理论所预测的极大特征值（λ_{+}）大 25 倍。普鲁等（Plerou et al.，2002）也得到了相似的结论，他们采用 RMT 方法系统地研究了美国股票市场的关联性，比如研究了相关系数的统计性质、关联性矩阵特征值的分布、特征向量元素的分布及其在投资组合中的应用。宇津木等（Utsugi et al.，2004）在运用随机矩阵理论研究东京股票市场 1993 ~ 2001 年的关联性的同时，也对比分析了纽约股票市场的相应的关联性。他们发现，代表美国股票市场的最大特征值 $\lambda_{largest}$ 比 λ_+ 大 29 倍。这说明，随着时间的演化，最大特征值也会发生变化。自 RMT 方法被引入金融市场分析之后，该方法被广泛用于研究不同金融市场关联性的统计性质，比如外汇市场（Drożdż et al.，2007）和股票市场（Pan and Sinha，2007；Kulkarni and Deo，2007；Rak et al.，2008）。

威尔科特斯和杰比亚（Wilcox and Gebbie，2007）采用 RMT 方法研究一个新兴股票市场——南非股票市场的关联性，研究结果表明南非股票市场超出 RMT 预测范围的特征值比例要大于美国股票市场，其原因可能是南非股票市场数据大量缺失，从而影响其研究结果。库尔卡尼和德奥（Kulkarni and Deo，2007）运用 RMT 方法分析印度股票市场中股票之间的关联性，研究结果表明，实证关联性矩阵的最大特征值与市场的波动率趋于同步性，即最大特征值越大，股市的波动率也越大。为了研究金融市场动态关联性的普适性结构特征，沈杰和郑波（2009）采用 RMT 方法分析中国股票市场的关联性矩阵，并对比分析美国股票市场和印度股票市场。研究发现，一是作为一个重要的新兴市场，中国股票市场比发达国家资本市场表现出更强的相关性；二是在中国股票市场，同一经济部门的股票交互性相对较弱，而 ST 股票、蓝筹股等股票的交互性则较强，且具有一定的聚集效应。任哲俊等（Eom et al.，2009）结合 MST 方法与 RMT 方法分析股票市场网络的拓扑性质。实证结果表明，最大特征值显著地影响股票市场网络的拓扑结构。那玛基等（Namaki et al.，2011）基于 RMT 方法研究和比较德黑兰股票市场（新兴市场）和美国股票市场（成熟市场）的关联性矩阵，并分析两个市场在全局摄动下的稳定性。研究发现，美国股票市场相比于德黑兰股票市场对摄动更为敏感。吴加希金等（Oh et al.，2011）以韩国股票市场为研究对象，通过 RMT 方法分析该市场关联性的统计性质。研究发现，实际的特征值分布偏离于 RMT 所预测的范围，其中代表市场信息的最大特征值比 RMT 预测的 λ_+ 大 52 倍。库马尔和德奥（Kumar and Deo，2012）以美国次贷危机为背景，应用 RMT 方法研究全球 20 只股票指数的关联性。结果发现，在次贷危机之中，少数较大的特征值显著偏离 RMT 所预测的区域，偏离的范围也发生大的变化。桑多瓦尔和弗兰卡（Sandoval and Franca，2012）采用 RMT 方法研究不同危机下金融市场的关联性，比如 1987 年的"黑色星期一"、1998 年的卢布危机、2001 年爆发的网络泡沫与"9·11"事件以及 2008 年的美国次贷危机。实证发现，在金融危机时期，金融市场表现出较为相似的高波动行为。

此外，随机矩阵理论也广泛应用于投资组合领域，主要用来过滤关联性矩阵的随机噪声并应用于马科维茨（Markowitz，1952）提出的"均值－方差"模型。例如，普鲁等（Plerou et al.，2002）在使用 RMT 研究美国股票市场关联性矩阵的统计性质之后，提出将落在 RMT 所预测范围（即 $[\lambda_-，\lambda_+]$）的噪声特征值置为零的方法，然后将其转换成过滤后（即去掉了随机噪声）的关联性矩阵，并用来构建对应的投资组合模型。沙利菲等（Sharifi et al.，2004）则提出将噪声特征值替换为所有特征值的平均值以过滤原始关联性矩阵，随后从稳定性的角度分析得到关联性矩阵过滤方法。沙利菲等提出的方法要优于传统的"均值－方差"投资组合方法。基于自助法（Bootstrap）的抽样分析，戴利等（Daly et al.，2008）研究三种 RMT 过滤方法对投资组合风险的影响，并比较分析了这三种方法过滤后所得协方差矩阵的稳定性能。考虑到"灾难维数"的问题，罗塞诺

（Rosenow，2008）使用 RMT 决定多变量波动模型的最优维数，并将其与多变量条件异方差（GARCH）模型相结合应用于资产的投资组合分析与波动的预测。埃特洛维奇等（Eterovic et al.，2013）应用 RMT 研究智利股票市场 83 家上市公司 2000～2011 年收益率的关联性，并发现 RMT 能显著地提高"均值 - 方差"投资组合模型的有效性。

1.2.4　研究启示

前面分别从分形分析理论、复杂网络理论、随机矩阵理论三个方面进行金融市场关联性测度的文献综述，得到如下研究启示或者不足。

（1）分形分析理论主要应用于两个金融市场或者金融变量之间的关联性分析，例如股票市场与汇率市场之间的关联性，但是却在以下几方面鲜有关注：首先，近年来，随着中国经济与进出口贸易的快速发展，人民币汇率问题受到业界以及学术界，甚至国际政治领域的广泛关注。特别是经过数十年人民币盯住美元行为，中国人民银行于 2005 年 7 月 21 日宣布人民币汇率将有浮动的参考"一篮子"货币，随后于 2010 年 6 月 19 日，央行再次表明将进一步推进人民币汇率的改革以加强人民币汇率的浮动性。因此，人民币"一篮子"货币成为学术研究的热点，然而却鲜有研究通过分形的角度来分析人民币与其"一篮子"货币中主要货币之间的关联性。其次，2010 年 4 月 16 日，沪深 300 股指（CSI 300）期货的推出，是中国金融市场发展的一个重要里程碑，在资本市场价格发现和风险防范过程中扮演重要角色。因此，沪深 300 股指期货与现货市场之间的关系成为学术界的研究热点，但是大部分已有研究基于传统的经济学理论，如有效市场假设，假定收益率服从正态分布以及价格服从随机游走等。发现沪深 300 股指期货与现货的收益率并不服从正态分布，呈现"负三次幂律"法则，使得传统的度量方法不能准确地描述与刻画这两个市场之间的关联性行为。而分形与多重分析将为此提供一个新的视角来研究沪深 300 股指现货与期货市场的关联性。最后，尽管分形分析理论被广泛地用于进行金融市场的关联性分析，但是却鲜有研究将相关理论应用到金融市场的套期保值理论分析中。如果传统的套期保值方法能够结合分形分析理论的优点（如非线性、多尺度特性等），则将为金融市场的参与者提供一个新的套期保值工具，以规避资产的风险。

（2）复杂网络理论主要被应用于多个金融市场或者金融实体之间的关联性分析，比如股票市场，特别是被大量用于在全球外汇市场网络方面的研究，但是已有研究在以下几方面鲜有关注：首先，以往关联性网络的构建都基于皮尔森线性相关系数，而现实中的金融时间序列及其关联性具有非线性、非平稳且存在着异质性等特点，因而采用皮尔森线性相关系数不能准确地度量金融变量之间的关联性。采用皮尔森线性相关系数构建的金融市场关联性网络只考虑了金融变量之间的线性相关性，而忽略了金融时间序列自身与相互之间的非线性与异质性。其次，大量的研究通过复杂网络理论研究外汇市场的拓扑与市场性质，特别是分析了近年来全球金融危机前后整个外汇市场网络的变化情况。但是以往的研究只是简单地选择某个金融危机爆发的事件为时间节点进行金融危机前与后的分析，而忽略了金融危机具有一定的持续性，故不能简单地以某个事件为标记来划分。如果能将整个时间段分为三个子区间或时期，如金融危机前、金融危机中、金融危机后，然后比较这三个时期的网络行为，将会得到更有意义的结果与启示。再其次，以前的研究只局限于单一时间尺度，而未尝考虑不同时间尺度下金融网络的统计与拓扑性质。大量的市场参与者（如投资者与套期保值者）会随着不同时间尺度的变化而做出不同的市场决策，比如不同时间尺度或者周期下的投资与对冲行为。因此，研究多时间尺度下金融网络的关联性行为，将有利于市场参与者或管理者选择合适时间尺度进行市场的决策或监管。最后，为了分析网络的拓扑演化行为，学者们经常采用滑窗分析方法，即在设定固定的时间窗长以及步长之后，在每个给定的时间窗内进行网络的构建与分析，这样就可以得到随时间演化的网络拓扑特征。然而，关于窗长大小的设定，目前的研究没有统一的研究范式，即设定窗长比较随意，不同学者根据个人偏好采用不同的窗长，这将影响结果的鲁棒性与可信度。此外，已有的研究往往假定金融时间序列是平稳的且服从正态分布，而忽略了金融时间序列存在着波动性与非正态性（如"尖峰厚尾"分布），因此需要寻找一种既能有效度量金融变量的波动性与非正态性，又能应用于复杂金融网络的演化分析的动态关联性测度方法。

（3）随机矩阵理论主要应用于金融市场内部个体之间的关联性分析，比如美国股票市场股票之间的交互行为，然而以往的研究在以下几方面鲜有涉及：首先，近年来金融危机频繁爆发，势必会影响股票市场股票之间的交互行为与关联性，因此值得采用随机矩阵理论深入研究金融危机对股票市场内部关联性的影响。其次，探讨不同时间尺度下金融市场内部个体之间的交互行为具有什么样的特征，将有利于市场的参与者与监管者掌握不同时间尺度或者周期下的市场性质与行为，为决策与监管提供有益的依据。最后，如果将分形分析理论中的 DCCA 系数方法与随机矩阵理论相结合，将有效地结合两个方法的优点，即多时间尺度下的非线性关联性下的随机矩阵理论，从而推动随机矩阵理论在非线性范式下新的发展与更深入的研究。

1.3　研究思路与研究内容

1.3.1　研究思路

基于文献综述与研究启示，本书以复杂系统理论为基础，分别从分形分析理论、复杂网络理论、随机矩阵理论三个方面进行金融市场关联性测度及应用的研究。具体的研究思路详细阐述如下：

（1）对金融市场以及关联性的基本概念与性质进行相关界定，并全面理清分形分析理论、复杂网络理论与随机矩阵理论的最新研究动态，为后续的实证研究提供理论与方法上的支撑。

（2）以分形分析理论为基础，研究两个市场之间的关联性：一是研究汇改之后人民币与其货币篮子中 4 个主要货币之间的关联性；二是通过多重分形分析方法研究沪深 300 股指现货市场与期货市场之间的关联性；三是提出一种新的套期保值比率设定方法，即降趋势最小方差套期保值比率法。

（3）基于复杂网络理论，研究多个市场之间的交互行为及其关联性：一是基于动态时间弯曲方法，研究全球外汇市场网络在金融危机前、中、后 3 个时期的拓扑演化特性；二是结合分形分析理论的 DCCA 系数法，研究不同时间尺度下外汇市场网络的统计与拓扑性质；三是采用时变的 Copula 方法进行金融变量的关联性度量，研究全球外汇市场网络的动态演化行为。

（4）结合分形分析理论与随机矩阵理论，研究单个市场内多只股票之间的关联性，特别是不同时间尺度下关联性的统计性质等。

1.3.2　研究内容

基于上述研究思路，本书主要通过分形分析理论、复杂网络理论与随机矩阵理论进行金融市场关联性度量与应用研究，共分为5章。

第1章为绪论。首先简要地介绍本书的研究背景和研究意义，其次分别从分形分析理论、复杂网络理论以及随机矩阵理论展开相关文献综述，在此基础上得到相关的研究启示，最后对本书的研究思路、研究内容与章节安排作出说明。

第2章为金融市场关联性的理论分析与测度方法。首先界定金融市场关联性等相关概念，其次给出金融市场关联性的既定特征，最后依次阐述分形分析理论、随机矩阵理论以及复杂网络理论的基本概念以及相关方法。

第3章为基于分形分析的两个金融市场关联性研究。一是对人民币与目标货币篮子中4个主要货币之间关联性进行度量与分析。具体而言，采用降趋势关联性分析（DCCA）法以及DCCA系数法度量人民币与人民币汇率货币篮子中4个主要货币（即美元、欧元、日元、韩元）之间关联性，并度量4个货币在货币篮子中权重大小，进一步分析人民币与4个主要货币之间关联性的动态演化特性。二是对沪深300股指现货市场与期货市场的关联性进行度量与分析。采用关联性检验定性分析沪深300现货市场与期货市场的关联性，基于多重分形降趋势移动平均关联性分析（MF-XDMA）方法定量研究两个市场的关联性，同时对两者之间关联性的动态演化特性展开分析。三是提出降趋势最小方差保值套期比率法。基于分形分析的 DFA 和 DCCA 方法，提出新的套期保值比率设定方法，即降趋势最小方差套期保值比率法。该方法可以设定不同时间尺度下的套期保值比率，从而满足市场上大量套期保值者不同的时间尺度或者周期下的对冲需求。

第 4 章为基于复杂网络的多个金融市场关联性研究。一是基于动态时间弯曲（DTW）方法的全球外汇市场网络的关联性研究。考虑到皮尔森线性相关系数不能有效地度量时间序列的非线性以及要求时间序列具有同步性，而 DTW 方法能克服以上缺点且具有很好的鲁棒性，故将 DTW 方法与最小生成树方法相结合，以研究全球外汇市场货币之间的交互行为，以及外汇市场在金融危机前、中、后 3 个阶段的网络拓扑结构的演化。二是基于 DCCA 系数法的全球外汇市场网络关联性研究。将分形分析理论中的 DCCA 系数法与最小生成树相结合，研究全球外汇市场货币之间在不同时间尺度下的交互行为，以及不同时间尺度下外汇市场网络的拓扑特性。三是基于时变 Copula 方法的全球外汇市场网络关联性研究。采用 $AR(p) - GARCH(1,1) - t$ 模型进行边际分布的设定，设计动态 t-Copula 模型，通过两阶段边际推断函数法估计边际分布与 Copula 函数中的参数，得到动态时变的关联性系数，与最小生成树相结合，以研究时变全球外汇市场网络的动态演化特性。

第 5 章为基于随机矩阵的金融市场内部关联性研究。本章将分形分析理论中 DCCA 系数法与随机矩阵理论相结合，研究在 2008 年金融危机期间美国股票市场中 462 只股票之间的关联性，并分析不同时间尺度下关联性的统计特性。同时基于 DCCA 系数法对模拟数据所构建的关联性矩阵的特征值分布等性质展开分析，并与经典的随机矩阵理论进行比较研究。

1.4　研　究　创　新

在总结与继承已有相关研究的基础上，本书以复杂系统理论为基础，分别从分形分析理论、复杂网络理论、随机矩阵理论三个方面展开金融市场互相性的度量方法及其实证研究。本书主要的研究创新可以概括如下：

（1）基于分形分析理论，首次研究人民币与其货币篮子中 4 个主要货币的关联性，以及沪深 300 股指现货市场与期货市场间的关联性。一方面，通过降趋势关联性分析（DCCA）法，发现人民币与美元、欧元、日元、韩元间的关联性呈现出弱的持久性；基于 DCCA 系数法发现 4 个货币在人民币"一篮子"货币的权重的顺序依次为 USD＞EUR＞JPY＞KRW。另一方面，基于多重分形降趋势移动平均关联性分析法，发现沪深 300 股指现货市场与期货市场之间的关联性呈现多重分形与非线性特性；并采用滑窗分析法，动态分析关联性尺度指数的演化特征，发现两个市场的关联性呈现长程持久性。

（2）提出了一种新的套期保值比率设定方法，即降趋势最小方差（D-MV）套期保值比率方法，可以在不同时间尺度下设定套期保值比率。D-MV 套期保值比率方法被定义为现货与期货收益率的降趋势协方差函数与期货收益率的降趋势方差函数的比值。本书的实证分析发现三个主要结论。一是 D-MV 套期保值方法所设定的套期保值比率与有效性在不同时间尺度下具有不同的值，从而能满足不同套期保值者不同的套期保值周期需求；二是 D-MV 套期保值方法的套期保值性能在绝大多数时间尺度下优于最小方差（MV）套期保值方法；三是基于线性拟合的 D-MV（即 D-MV-1）套期保值方法具有最优的套期保值性能。

（3）基于复杂网络理论，从时间层面不同的划分研究多个金融市场的关联性，相应地提出了三种新的关联性网络构建方法。一是提出了基于动态时间弯曲方法与最小生成树（MST）法的关联性网络构建方法，研究美国次贷危机背景下的全球外汇市场的关联性及其网络的拓扑特征。具体实证分析全球外汇市场网络在美国次贷危机前、中、后不同阶段的拓扑与市场性质。实证发现，经历危机之后，网络的拓扑结构相对于危机前变得更为稳健，此时新加坡元成为网络的中心节点之一。二是提出了基于 DCCA 系数法与 MST 法的关联性网络构建方法，以研究不同时间尺度下的全球外汇市场的关联性及其网络的拓扑与统计性质。实证发现，全球外汇市场网络在不同时间尺度下呈现不同的拓扑与统计性质，在绝大多数尺度下呈现无标度特性。三是提出了基于时变 Copula 法与 MST 法的关联性网络构建方法，研究动态时变的全球外汇市场的关联性及其网络的拓扑与统计性质。实证发现，全球外汇市场网络具有长程记忆性，且在大多数时候是无标度网络。全球外汇市场汇率间的紧密关系在短期内很难被打破具有很强的稳健性，而它的长期稳定性则随时间的增加而急剧下降。

（4）提出了一种新的结合 DCCA 系数法与随机矩阵理论的方法，研究不同时间尺度下美国股票市场内部的关联性及其统计性质。与皮尔森相关系数法进行对比分析，本书获得三个主要实证发现：一是最大特征值及其特征值向量携带了整个市场的信息，而市场因素反过来又影响特征值的分布。此外，落在 RMT 预测范围内的实证特征值并不是单纯的随机噪声，而是携带了某些信息。二是最大特征向量所构建的资产组合能很好地还原出市场指数中各成份股的权重。三是不同时间尺度下的关联性矩阵呈现出不同的统计性质，有利于资产的风险管理以及最优资产组合的选择，特别是资产组合的多样性。

第2章 金融市场关联性的理论分析与测度方法

本章主要介绍金融市场关联性的相关理论与测度方法。2.1节界定本书的两个基本概念，即金融市场与关联性，同时指出已有关联性测度方法的缺陷。2.2节分析金融市场关联性的既定特征，包括非线性、自相似性、复杂性、动态性等。2.3节介绍基于复杂系统理论的金融市场关联性测度方法，主要从分形分析理论、复杂网络理论、随机矩阵理论三个方面展开方法论的讨论。

2.1 基本概念的界定

2.1.1 金融市场

金融市场的形成具有数百年的历史。自20世纪80年代以来，经济全球化、金融自由化与信息高速化进程的快速发展，特别是频繁爆发的区域性以及全球性的金融危机，使得金融市场对各国经济以及政治上的影响力日益明显。经济、金融活动的每个阶段，如资金的筹集与流通、股票的发行与交易、金融产品的设计与创新、利率的变化与管理、汇率的波动与干预、宏观调控的运用与探索，都跟金融市场的有效运行息息相关，从而使得金融市场成为整个国家乃至世界经济体系的核心（刘园等，2007）。

所谓金融市场，一般是指满足资金供给者与需求者之间进行资金融通的场所或进行金融资产（金融产品）交易的场所。在金融市场，资金需求者设计与发行金融产品（或金融工具），成为资金的借贷者，而资金供给者则买入金融产品，将资金转移给资金需求者，成为资金的放贷者。

尽管世界各国金融市场的发展不尽相同，但是金融市场的基本要素一般由四个部分构成（刘园等，2007）：

一是金融市场主体。一般是指金融市场的交易者，即资金的需求者与供给者，包括个体、组织、机构等。金融市场交易主体的数量决定了市场规模的大小。另外，金融市场主体之间相互激烈的竞争使得金融市场更加健康有效的运行。

二是金融市场客体。一般是指金融市场的交易对象或者资金的标的产品，即金融产品或金融工具，包括股票、期货、期权、外汇、黄金、债券等。

三是金融市场媒体。一般是指在金融市场上充当交易中介（媒介）、从事金融产品交易或者促使交易完成的个人、组织与机构等。通常可以分为两大类：（1）以自然人作为载体的媒体，即金融市场商人，也称经纪人或交易商，如货币经纪人、证券承销商、股票经纪人、外汇经纪人等。（2）以组织或者机构作为载体的媒体，即中介组织，如商业银行、基金公司、证券公司、保险公司等。

四是金融市场价格。价格是金融市场最为直观且最受关注的基本要素，这是因为金融产品的价格与交易者的切身收益密切相关。不同金融产品或金融工具价格不同并受市场上众多因素的影响，因此金融市场是复杂多变的。金融市场的各类主体和媒体往往关注金融产品或者工具的价格走势以及金融市场的价格变化。从历史上若干次金融（经济）危机中可以发现，金融市场价格变化越来越成为金融危机乃至经济危机的直接根源，从而使得人们越来越关注金融市场的价格是否有效与合理。这也使得金融市场价格成为众多经济与金融研究者所关注与选用的研究指标。本书在进行金融市场关联性研究时，也以金融市场的价格变化（即收益率）作为最基本的研究指标与对象。

需要澄清的是金融市场类型。一般地，金融市场类型按照不同的依据分类（张亦春等，2008）：

（1）依照融通期限，分为货币市场与资本市场。

（2）依照资金融通方式，分为直接融资市场与间接融资市场。

（3）依照金融交易的程序，分为发行市场（也称一级市场）与流通市场（也称二级市场）。

（4）依照金融交易的场地与空间，分为有形市场与无形市场。

（5）依照金融融通范围，分为国内金融市场与国际金融市场。

（6）依照交割期限，分为现货市场和期货市场。

（7）依照交易对象，分为货币市场、资本市场、黄金市场、保险市场、外汇市场等。

此外，随着近年来各国经济对能源的急剧需求与依赖，以及全球气候变暖日益突出，能源金融市场与碳金融市场得以广泛的发展并受到关注，特别是原油市场的原油价格影响着人们的衣食住行。本书具体研究的金融市场包括外汇市场、沪深 300 现货市场与期货市场、

WTI 原油现货市场与期货市场、标准普尔 500 股指现货市场与期货市
场以及美国股票市场等。

2.1.2　关联性

金融市场的关联性指两个及两个以上金融市场（实体）或金融
变量之间的互相关性，以区分单个金融市场（实体）或金融变量的
自相关性。一般地，在众多的文献中，金融市场的相关性即为金融市
场的关联性，此外，关联性又称为"互相关性"或"交叉相关性"，
但为了与"自相关性"保持区别与表达上的一致性，本书采用"关
联性"这个术语①。通常地，关联性一般是指两个个体之间的相关
性，而本书所研究的是一个广泛意义上的概念，包含两个个体以及多
个个体之间的关联性。

金融市场的关联性通常采用皮尔森线性相关系数进行度量，它
假定有两个随机变量 ξ 和 η，其协方差为：

$$\mathrm{Cov}(\xi, \eta) = E(\xi - E\xi)(\eta - E\eta) \qquad (2.1)$$

皮尔森相关系数定义为：

$$\rho_{\xi\eta} = \frac{\mathrm{Cov}(\xi, \eta)}{\sqrt{D\xi}\sqrt{D\eta}} \qquad (2.2)$$

其中：$\rho_{\xi\eta}$ 是无量纲的量，且满足 $-1 \leqslant \rho_{\xi\eta} \leqslant 1$。$\rho_{\xi\eta} = 1$ 与 $\rho_{\xi\eta} = -1$ 分
别表示两个随机变量完全正相关与负相关，而 $\rho_{\xi\eta} = 0$ 则表示这两个
随机变量完全不相关。

---

① 需要指出的是，在后文中出现的相似性与相依性度量都是关联性测度。

虽然皮尔森线性相关系数被广泛应用于时间序列的关联性度量，但它并不是一个稳健性的关联性测度工具，特别是在极致情况下会失效。这是因为现实中的数据存在着异质性与非稳定性（Zebende，2011）。皮尔森线性相关性系数的局限性包括：（1）只能度量两个时间序列的线性关联性，而不能测度序列之间关联性的非线性特性；（2）该系数为非鲁棒性的度量工具，要求时间序列必须同步且序列长度一致；（3）不能有效考虑金融时间序列的复杂行为，例如自相似性，即大量研究发现金融时间序列的自相关性与关联性存在着幂律特性；（4）未能考虑金融时间序列的尖峰、厚尾、非正态分布以及无限方差的特性，即忽略了金融时间序列尾部分布的特性。

因此，本书主要针对皮尔森线性相关系数的缺点，在不同方面提出与采用不同的度量方法进行金融市场关联性的度量，并将其与分形分析理论、复杂网络理论、随机矩阵理论相结合展开金融市场关联性的应用研究。

2.2　金融市场关联性的既定特征

金融市场关联性的既定特征包括非线性、自相似性、复杂性以及动态性等。结合本书主要的研究内容，例如基于分形分析理论研究金融市场关联性的非线性以及自相似性，基于复杂网络理论与随机矩阵理论研究金融市场关联性的复杂性、动态性等，下面对金融市场关联性的既定特征进行简要讨论。

2.2.1 非线性

格兰杰（Granger，2001）曾指出，这个世界几乎肯定是由非线性关系构成的。在现实世界中，简单的线性关系并不常见。如果假定线性关系是宇宙中某一星球，那么非线性关系是这个星球之外的整个宇宙空间的集合。传统与经典的科学研究以线性关系为框架，对非线性关系进行线性化处理，并形成了一套成熟的理论与实践体系，如经典的牛顿力学等。但是，现实中许多问题不能通过简单的线性化处理而予以解决，这催生非线性科学以及非线性系统学的出现并迅速发展，如浅水波方程发现了"孤子"而推动非线性方程的求解，洛伦兹（Lorentz）进行气象预报研究时模拟出非周期现象使得混沌理论快速发展。正是由于非线性的存在，现实世界才呈现出无限多样性、曲折性、突变性和演化性。因此，在自然科学与社会科学领域中，非线性问题已经成为科学研究的前沿，非线性系统学才呈现出快速发展，如耗散结构理论、突变论、协同学、混沌理论、分形分析理论等（张建辉，2011）。

学者们采用不同的研究方法发现在经济学、金融学领域中存在着大量的非线性关系。例如，王承炜和吴冲锋（2002）研究沪深两市价格与交易量之间的关联性，发现两个市场的收益与交易量存在双向的非线性格兰杰因果关系。潘越（2008）基于非线性格兰杰因果检验研究中国 A 股市场与香港 H 股市场的关联性，发现存在着非线性因果关系，且在不同阶段表现出不同的特征。刘莉和万解秋（Liu and Wan，2012）分别采用 ρ_{DCCA} 系数、结构共整以及非线性因果检验研究了中国股票市场与人民币汇率市场的相关性，发现这两个市场关联性呈现非线性特性。因此，金融市场关联性的非线性特征值得深入关注与研究。

2.2.2 自相似性

关于自相似性，曼德博（Mandelbrot，1967）在《科学》（*Science*）上发表的一篇论文，即《英国的海岸线有多长？统计自相似性与分数维度》最具有代表性。他分析称，任何海岸线在某种意义上都是无限长的，但取决于所选用尺子的长度（尺度）。当采用 1 米长的尺子丈量海岸线，可以得到一个近似的海岸线长度，因为此时小于 1 米的弯曲部分被忽略掉了；而改用 1 厘米长的尺子去丈量时，一些小的弯曲部分将被考虑进来，此时海岸线的长度将会大大增长。因此，随着所采用尺度的变小，海岸线的长度将会不断增长，从而在某种意义上达到无限长。其根本原因就在于，海岸线是一个无穷嵌套的自相似结构。当时，该文以不同尺度这个独特的视角进行海岸线长度的丈量轰动了整个学术界，也使得分形的概念在此萌芽，进而促进了分形学这个新的学科的诞生与开创。值得注意的是，他在此给出了分形的一个核心定义，即局部与整体的自相似性。也就是说，分形最重要的一个特征就是它必须具有自相似性。

从数学上看，自相似性主要表现为时间序列的自相关性与关联性存在幂律特性（Zebende，2011）。英国水文学家霍斯特（Hurst，1951）首次发现真实时间序列存在幂律特性。他通过 R/S 分析方法研究了尼罗河蓄水问题，发现实际观测到的数据存在如下关系：$R/S \sim n^{H}$，H 即为众所周知的霍斯特指数。因此，通常使用霍斯特指数来分析时间序列的自相似性，可以根据霍斯特指数的取值来判断时间序列是否存在持久特性（也称长期记忆性）与反持久特性。

　　考虑到经济增长、利率水平、通货膨胀率等因素的影响，现实中的金融时间序列经常会包含这些宏观产生的趋势影响。然而，R/S 分析法却未对这些趋势影响进行处理而直接进行分析，由此得到的结果可能没有任何的实际意义。

　　为了解决 R/S 分析方法存在的缺陷，人们广泛采用 DFA 进行金融时间序列的关联性分析，这是因为 DFA 方法的一个优势在于它能消除局部趋势的影响（Peng et al.，1994）。大量学者利用 DFA 方法对不同的金融市场（如股票市场、外汇市场、原油市场、商品市场等）进行研究。结果发现，这些金融市场表现出显著的分形结构特征——自相似性与显著的霍斯特指数（Sarkar and Barat，2006；Tabak and Cajueiro，2007；Siqueira Jr. et al.，2010）。为了研究两个时间序列之间是否存在自相似性或者幂律特性，波多布尼克和史坦利（Podobnik and Stanley，2008）发表在《美国物理评论》上的论文提出 DCCA 方法。他们基于该方法研究了道琼斯（Dow Jones）工业指数和纳斯达克（NASDAQ）指数的关联性，发现它们之间的关联性存在正向的幂律特性。随后，大量研究发现不同金融市场之间的关联性存在自相似性行为。

2.2.3　复杂性

　　从某种意义上来讲，金融市场关联性的复杂性就是金融市场自身的复杂性，这是因为金融市场是一个由众多要素（个体）相互交互而组成的异质、开放、复杂的动态巨系统。金融市场的复杂性不是简单地体现在金融市场拥有庞大的市场要素（个体）以及巨大的资本量，而主要体现在三个方面。

（1）金融市场各要素组成部分的复杂性。金融市场不同的要素会组成或聚集成一个小的部分或者一个小系统，再由这些小系统组成金融市场这个大系统。由于这些小部分或者小系统有着自身的运行机制以及生命周期，存在自身的调节机制，从而使得整个金融系统有着自身的运行规律。然而，一旦这些小部分或者小系统发生变化，整个系统随之也会发生改变或者进行调整，使得金融系统愈加复杂难测。

（2）金融市场各要素交互的复杂性。在这里，金融市场各要素主要是指金融市场的参与者，包括金融市场的主体以及媒体，具体来讲是指交易者（资金需求者与供给者）以及经纪人等。一方面，各个金融参与者是具有高度智能的人，有着不同的经济目的、风险偏好、主观决策等，因此各自的行为或者动力学过程各不相同，从而导致市场的复杂性。另一方面，资金需求者、供给者、经纪人在相互依靠与互相制约下从事经济活动，他们之间彼此的交互行为使得整体金融市场包含着大量的动力学特征，从而说明金融市场是典型的复杂系统。

（3）金融市场内外因素相互作用的复杂性。金融系统内部与外部因素存在着互相作用，即内部（自生的）效应与外部（外生的）效应并存，而且内外效应相互影响与作用，从而使得整个金融系统整体的运行机制与规律更加复杂多变，同时使得金融市场有效、有力的监管变得异常困难与复杂。

考虑到金融市场是复杂的巨系统，学者们开始采用复杂系统理论（如分形分析理论、混沌理论、复杂网络理论、随机矩阵理论等）研究金融市场的内部运行机制与规律。这将为宏观经济政策制定者提供有力的理论依据，也将有助于金融系统极端风险的预测和防范，特别是在近年来频繁爆发的金融危机所引起的灾难性后果的背景下，这种预测和防范显得更加重要。

2.2.4 动态性

事物是处于绝对的运动与相对的静止之中，金融市场及其关联性也不例外。金融市场关联性的动态性主要体现在关联性随时间而演化。人们通过不同的研究工具与方法分析金融市场关联性的动态性，得到的结论如：随着经济的发展与科技的进步，金融市场关联性不断加强；在历次金融危机中，金融市场之间产生信息与风险的溢出，使得金融市场关联性在危机之中显著加强（Aste et al.，2010）。

在此，简单回顾一下基于分形分析理论、复杂网络理论、随机矩阵理论进行金融市场关联性的动态性研究的相关文献。

（1）关于分形分析理论的动态关联性研究，主要通过 DCCA 或者 MF-DCCA 等方法研究金融市场关联性的动态性研究，具体包括分析霍斯特指数或关联性尺度指数的演化情况。例如，曹广喜等（Cao et al.，2012）基于 MF-DCCA 方法研究中国外汇市场与股票市场的关联性，结果表明其关联性随时间变化而变化，其中 2005 年的人民币汇改使得两者之间的关联性发生了重大的变化。王玉东等（Wang et al.，2010）通过类似的方法研究中国 A 股市场与 B 股市场的动态关联性，发现两个市场之间的关联性尺度指数随着时间的推移逐渐减小并接近于 0.5，且认为这是中国股市变得逐渐有效的一个反应。进一步地，王纲金和谢赤（Wang and Xie，2012）探究美国股票市场三大股指（即道琼斯、纳斯达克、标准普尔 500）与 WTI 原油市场的动态关联性，发现在第二次伊拉克战争时期股市与油市呈现正相关性，而在美国次贷危机时期则显现负相关性。

（2）关于复杂网络理论的动态关联性研究，主要通过分析所构建网络拓扑特征的动态演化情况。例如，恩内拉等（Onnela et al.，2003）利用 MST 方法研究 1980～1999 年美国股票市场网络的动态关联性，主要分析网络的拓扑特征（如归一化树长、平均占有层数等）的时变过程，发现该网络在 1987 年的"黑色星期一"危机时出现大的突变并持续影响网络的拓扑性质。塔巴克等（Tabak et al.，2010）通过 MST 方法构建巴西股票市场网络，并分析该网络动态的拓扑性质（如中心度）。其实证结果发现，在 2004 年与 2007 年美国次贷危机前后，网络的拓扑特征出现峰值，预示着巴西股票市场网络在这两个时期出现了大的变化。布切里等（Buccheri et al.，2013）基于 PM-FG 方法分析美国股票市场 49 个部门指数在 1969～2011 年的动态关联性演化情况，发现在危机时期（如 1999～2001 年的互联网泡沫、2008～2009 年的金融危机）网络的关联性呈现大的突变。

（3）关于随机矩阵理论的动态关联性研究，主要通过分析关联性矩阵最大特征值的演化情况。例如，波多布尼克等（Podobnik et al.，2010）研究 1983～2009 年 88 只标准普尔 500 指数成份股之间的关联性，发现最大特征值的奇异值显著地出现在大的市场震荡与金融危机时期，如"黑色星期一"、互联网泡沫、2008 年金融危机。森索伊等（Sensoy et al.，2013）基于随机矩阵理论研究了 2008 年金融危机之后全球 87 个主要股票市场的关联性，通过分析关联性矩阵的最大特征值的时变演化特性，发现最大特征值的变化与整个市场的波动水平保持一致方向，并发现在 2011 年 6 月出现了极小值。孟郝等（Meng et al.，2014）采用随机矩阵理论研究了 1975～2011 年美国房地产市场的系统性风险以及时空关联性的动态性。通过观测特征值与特征向量的时变特征，他们发现美国房地产市场存在 6 次不同的机制转换。每当伴随机制转换的出现，市场的系统性风险随之急剧增加，他们认为这可以为房地产市场泡沫提供早期的预警。

2.3　基于复杂系统理论的金融市场关联性测度方法

2.3.1　分形分析理论

分形分析理论主要包括单分形分析与多重分形分析，在众多的文献中，一般将单分形分析统称为分形分析，而多重分形分析则是在单分形分析的基础上通过多个甚至无限个标度进行描述，通常采用奇异谱函数描述分形结构上不同层次的特征，从系统的局部出发研究整体的最终特征（都国雄和宁宣熙，2007）。对于单个时间序列的自相关性进行分形以及多重分形分析时，通常分别采用 DFA 法与多重分形降趋势波动分析（MF-DFA）法。对两个时间序列的关联性进行分形以及多重分析时，通常采用 DCCA 法与 MF-DCCA 法。此外，为了分析不同时间尺度的相关性系数，通常采用 DCCA 系数法。下面将按照 DFA 法、DCCA 法、DCCA 系数法、MF-DFA 法、MF-DCCA 法的顺序进行分形分析方法的讨论，为后文的研究提供相关的方法论支撑[①]。

---

　　① 值得注意的是，本书第 3 章采用了多重分形分析的另一种方法，即 MF-XDMA 法，它是以 DMA 法、DMCA 法、MF-DMA 法为基础，类似但又优于 MF-DCCA 的方法，相应章节将会作介绍，此处不作叙述。

2. 3. 1. 1 降趋势波动分析法

DFA 法是分析时间序列自相关性的标准方法。对于给定的时间序列 $\{x(t)\,|\,t=1,2,\cdots,T\}$，DFA 法包含如下的计算步骤。

第一步，通过求和将原始时间序列构造成新的时间序列，即：

$$X(t) \equiv \sum_{k=1}^{t} \left[\, x(k) - \langle x \rangle \,\right], t = 1,2,\cdots,T \qquad (2.3)$$

其中：$\langle x \rangle = 1/T \sum_{t=1}^{T} x(t)$，为 $\{x(t)\}$ 的样本均值。需要说明的是，此处减去均值与否并不影响后续的分析结果。

第二步，将时间序列 $\{X(t)\}$ 分割成 $T_s = \text{int}(T/s)$ 个不重叠的子序列①，每个子序列的长度（即时间尺度）为 s。考虑到 N 不一定是 s 的整数，即无法等分，因而需要从时间序列的尾部开始重复以上分割程序，以消除边界效应，故可以得到 $2T_s$ 个子序列。一般地，取 $10 \leqslant s \leqslant N/4$。

第三步，对于每个不重叠的子序列 $v(1 \leqslant v \leqslant 2T_s)$，通过普通最小二乘法（OLS）对 $\{X_v(t)\}$ 进行多项式函数拟合，得到含局部趋势的 $\{\widetilde{X}_v(t)\}$。根据多项式拟合函数阶数 m 的不同，相应的 DFA 法被称为 DFA - m 法。一般情况下，多采用线性拟合函数，即 DFA - 1 法。

第四步，对每个子序列进行降趋势处理，得到残差序列，即降趋势方差：

$$F_v^2(s) = \frac{1}{s} \sum_{t=1}^{s} \left[\, X_{(v-1)s+t}(t) - \widetilde{X}_v(t) \,\right]^2 \qquad (2.4)$$

---

① 另外一种分割方法为：将时间序列 $\{X(t)\}$ 分割成 $N-s$ 个重叠的子序列，每个子序列的长度为 $s+1$。这两种分割方法虽有差异，但最终得到的分析结果并没有大的差别。

其中：$v = 1, 2, \cdots, T_s$，以及：

$$F_v^2(s) = \frac{1}{s} \sum_{t=1}^{s} \left[X_{N-(v-1)s+t}(t) - \tilde{X}_v(t) \right]^2 \qquad (2.5)$$

此时，$v = T_s + 1, T_s + 2, \cdots, 2T_s$。

第五步，计算整个样本的总体降趋势方差函数：

$$F_{\text{DFA}}(s) = \left\{ \frac{1}{2T_s} \sum_{t=1}^{2T_s} F_v^2(s) \right\}^{1/2} \qquad (2.6)$$

第六步，计算不同时间尺度 s 所对应的降趋势方差函数 $F_{\text{DFA}}(s)$，$F_{\text{DFA}}(s)$ 与 s 存在如下幂律标度关系：

$$F_{\text{DFA}}(s) \sim s^{\alpha} \qquad (2.7)$$

其中：α 为霍斯特指数 H。

对式（2.7）取双对数可得到 $\log F_{\text{DFA}}(s) = \alpha \log(s) + \log A$，然后通过对 $\log F_{\text{DFA}}(s)$ 与 $\log(s)$ 的线性回归可以求得标度指数 α。此外，α 又称为自相关性尺度指数。

自相关性尺度指数 α 或者霍斯特指数 H 经常用来分析单个时间序列的自相关性或长程记忆性。具体地，根据 α 的取值，可以分为三种情况。

（1）当 $\alpha = 0.5$ 时，表示该时间序列服从随机游走过程（布朗运动），不存在自相关性或长程记忆性，即现在不会影响未来。若该时间序列为股指或者某股票的价格序列，则表明该股票市场是有效市场。

（2）当 $0 < \alpha < 0.5$ 时，时间序列是负相关的，称之为反持久性，也称反向记忆性，存在均值回复的现象。如果时间序列在某一时刻向上（下）运动，则在下一时刻它可能就反方向运动，即向下（上）

运动，并且会产生明显的波动。

（3）当 $0.5 < \alpha < 1.0$ 时，时间序列是正相关的，称之为（正）持久性，也称正向记忆性。如果时间序列在某一时刻向上（下）运动，则在下一时刻它仍然保持原有的运动方向，即向上（下）运动。

若股票价格序列的自相关性尺度指数为后两种情况，则表明该股票市场不是有效市场。

2.3.1.2　降趋势关联性分析法

DCCA 法是由波多布尼克和史坦利（Podobnik and Stanley，2008）提出的，它被广泛用于分析两个时间序列的关联性。对于给定的两个时间序列 $\{x(t) \mid t = 1, 2, \cdots, T\}$ 和 $\{y(t) \mid t = 1, 2, \cdots, T\}$，DCCA 法包含如下计算步骤。

第一步，将两个原始时间序列分别构造成两个新的时间序列，即：

$$X(t) \equiv \sum_{k=1}^{t} [x(k) - \langle x \rangle], Y(t) \equiv \sum_{k=1}^{t} [y(k) - \langle y \rangle], t = 1, 2, \cdots, T$$

$$(2.8)$$

其中：$\langle x \rangle$ 与 $\langle y \rangle$ 分别为 $\{x(t)\}$ 与 $\{y(t)\}$ 的样本均值。

第二步，将时间序列 $\{X(t)\}$ 与 $\{Y(t)\}$ 分割成 $N_s = \mathrm{int}(T/s)$ 个不重叠的子序列[①]，每个子序列的长度（即时间尺度）为 s。同 DFA 法，一共可以得到 $2T_s$ 个子序列。

———————

① 还包括另外一种分割方法，即波多布尼克和史坦利将时间序列 $\{X(t)\}$ 与 $\{Y(t)\}$ 分别分割成 $N - s$ 个重叠的子序列，每个子序列的长度为 $s + 1$。这两种分割方法虽有差异，但最终得到的分析结果并没有太大的差别。此处，为了保持方法论描述上的一致性，故延续 DFA 法的分割方法。

第三步，对于每个不重叠的子序列 $v(1 \leqslant v \leqslant 2T_s)$，通过普通最小二乘法对 $\{X_v(t)\}$ 与 $\{Y_v(t)\}$ 分别进行多项式函数拟合，得到含局部趋势的 $\{\tilde{X}_v(t)\}$ 与 $\{\tilde{Y}_v(t)\}$。

第四步，对每个子序列进行降趋势处理，得到降趋势协方差：

$$f_v^2(s) = \frac{1}{s} \sum_{t=1}^{s} |X_{(v-1)s+t}(t) - \tilde{X}_v(t)| |Y_{(v-1)s+t}(t) - \tilde{Y}_v(t)|$$

$$(2.9)$$

其中：$v = 1, 2, \cdots, T_s$，以及：

$$f_v^2(s) = \frac{1}{s} \sum_{t=1}^{s} |X_{N-(v-1)s+t}(t) - \tilde{X}_v(t)| |Y_{N-(v-1)s+t}(t) - \tilde{Y}_v(t)|$$

$$(2.10)$$

此时，$V = T_s + 1, T_s + 2, \cdots, 2T_s$。

第五步，计算整个样本的总体降趋势协方差函数：

$$F_{\mathrm{DCCA}}^2(s) = \frac{1}{2T_s} \sum_{t=1}^{2T_s} f_v^2(s) \qquad (2.11)$$

第六步，计算不同时间尺度 s 所对应的降趋势协方差函数 $F_{\mathrm{DCCA}}(s)$，$F_{\mathrm{DCCA}}(s)$ 与 s 存在如下幂律标度关系：

$$F_{\mathrm{DCCA}}(s) \sim s^{\lambda} \qquad (2.12)$$

其中：互相关尺度指数 λ 为霍斯特指数 H。

同 DFA 法，对式（2.12）取双对数可以求得互相关尺度指数 λ。此时，当两个时间序列为相同序列时，$F_{\mathrm{DCCA}}(s)$ 退化为 $F_{\mathrm{DFA}}(s)$，相应地，DCCA 法退化为 DFA 法。

通常采用互相关尺度指数 λ 分析两个时间序列之间的关联性，

并广泛应用于金融市场关联性的分析。与自相关尺度指数 α 类似，根据 λ 的取值，也分为三种情况。

（1）当 $\lambda = 0.5$ 时，两个时间序列不存在关联性。也就是说，某一时间序列（如股票价格）的变化不会影响另一时间序列的行为。

（2）当 $0 < \lambda < 0.5$ 时，两个时间序列的关联性呈现反持久性或者负向。此时，如果某一价格序列发生上涨的行为，则另一价格序列很大可能会发生下跌的行为；反之亦然。

（3）当 $0.5 < \lambda < 1.0$ 时，两个时间序列的关联性呈现持久性或者正向。此时，如果某一价格序列发生上涨或下跌的行为，则另一价格序列将伴随着发生上涨或下跌的行为。

2.3.1.3 DCCA 系数法

基于 DFA 法和 DCCA 法，泽本德（Zebende，2011）提出了 DCCA 系数法，主要用来度量两个时间序列的关联性水平。DCCA 系数法一个最大的优点在于它是一种非线性关联性测度方法，可以用来度量不同时间尺度下两个时间序列的关联性水平。DCCA 系数被定义为降趋势协方差函数 $F^2_{\mathrm{DCCA}}(s)$ 与两个降趋势方差函数 $F_{\mathrm{DFA}}(s)$ 的比值，即：

$$\rho_{\mathrm{DCCA}}(s) = \frac{F^2_{\mathrm{DCCA}}(s)}{F_{\mathrm{DFA}|x(t)|}(s) F_{\mathrm{DFA}|y(t)|}(s)} \qquad (2.13)$$

通过式（2.6）可计算得到 $F_{\mathrm{DFA}|x(t)|}(s)$ 与 $F_{\mathrm{DFA}|y(t)|}(s)$，二者分别代表 $\{x(t)\}$ 与 $\{y(t)\}$ 的降趋势方差函数。当计算式（2.13）中的 $F^2_{\mathrm{DCCA}}(s)$，式（2.11）中的 $f^2_v(s)$ 时，即每个子序列的降趋势协方差，也就是式（2.9）与式（2.10），应按如下两个公式计算：

$$f^2_v(s) = \frac{1}{s} \sum_{t=1}^{s} [X_{(v-1)s+t}(t) - \tilde{X}_v(t)][Y_{(v-1)s+t}(t) - \tilde{Y}_v(t)]$$

$$(2.14)$$

其中：$v = 1$，2，$\cdots$，T_s，以及：

$$f_v^2(s) = \frac{1}{s} \sum_{t=1}^{s} \left[X_{N-(v-1)s+t}(t) - \widetilde{X}_v(t) \right] \left[Y_{N-(v-1)s+t}(t) - \widetilde{Y}_v(t) \right]$$

$$(2.15)$$

此时，$v = T_s + 1$，$T_s + 2$，$\cdots$，$2T_s$。

与经典的相关性系数相同，$\rho_{DCCA}(s)$ 也是无量纲的量，且 $-1 \leqslant \rho_{DCCA}(s) \leqslant 1$。$\rho_{DCCA}(s) = 1$ 和 $\rho_{DCCA}(s) = -1$ 分别表示两个时间序列在时间尺度 s 下完全正相关与负相关，而 $\rho_{DCCA}(s) = 0$ 则表示两个时间序列在时间尺度 s 下完全不相关。

2.3.1.4　多重分形降趋势波动分析（MF-DFA）法

多重分形降趋势波动分析（MF-DFA）法是由坎特哈特等（Kantelhardt et al.，2002）基于 DFA 提出的，它被广泛应用于各个研究领域，以分析时间序列的多重分形特性。MF-DFA 法包含六个计算步骤，其中前四个步骤与 DFA 法相同，下面给出最后的两个步骤。

第五步，计算整个样本的 q 阶降趋势方差函数，对于任意 $q \neq 0$ 有：

$$F_q(s) = \left\{ \frac{1}{2T_s} \sum_{t=1}^{2T_s} \left[F_v^2(s)^{q/2} \right] \right\}^{1/q}$$

$$(2.16)$$

以及：

$$F_0(s) = \exp\left(\frac{1}{4T_s} \sum_{v=1}^{2T_s} \ln\left[F_v^2(s) \right] \right)$$

$$(2.17)$$

第六步，对于不同阶数 q，计算不同时间尺度 s 所对应的降趋势方差函数 $F_q(s)$，$F_q(s)$ 与 s 存在如下幂律标度关系：

$$F_q(s) \sim s^{h(q)} \tag{2.18}$$

其中：$h(q)$ 为 q 阶自相关尺度指数，又称为广义霍斯特指数。

同 DFA 法与 DCCA 法，通过对式（2.18）取双对数可以计算得到不同阶数下的自相关尺度指数。特别地，当 $q = 2$ 时，MF-DFA 法退化为 DFA 法，$h(2)$ 即为霍斯特指数。

2.3.1.5　多重分形降趋势关联性分析法

MF-DCCA 法是由周炜星（Zhou，2008）基于 DCCA 法与 MF-DFA 法提出的，它被广泛用于分析两个时间序列关联性的多重分形特征，特别是金融时间序列。MF-DCCA 法包含六个计算步骤，其中前四个步骤与 DCCA 法相同，此处仅给出最后的两个步骤。

第五步，计算整个样本的 q 阶降趋势协方差函数，对于任意 $q \neq 0$ 有：

$$F_q(s) = \left\{ \frac{1}{2T_s} \sum_{t=1}^{2T_s} \left[f_v^2(s) \right]^{q/2} \right\}^{1/q} \tag{2.19}$$

与

$$F_0(s) = \exp\left(\frac{1}{4T_s} \sum_{v=1}^{2T_s} \ln\left[f_v^2(s) \right] \right) \tag{2.20}$$

第六步，对于不同阶数 q，计算不同时间尺度 s 所对应的降趋势协方差函数 $F_q(s)$，$F_q(s)$ 与 s 存在如下幂律标度关系：

$$F_q(s) \sim s^{h_{xy}(q)} \tag{2.21}$$

其中：$h_{xy}(q)$ 为 q 阶关联性尺度指数，又称为广义霍斯特指数。同 DFA 法、DCCA 法、MF-DFA 法，通过对上式取双对数可计算得到不同阶数下的关联性尺度指数。特别地，有以下两种情况：

（1）当两个时间序列完全相同时，即对任意 t 有 $x(t)=y(t)$，MF-DCCA 法退化为 MF-DFA 法，且 $h_{xy}(q)=h_{xx}(q)=h_{yy}(q)$，即关联性尺度指数退化为自相关尺度指数。

（2）当 $q=2$ 时，MF-DCCA 法退化为 DCCA 法，且 $h_{xy}(2)=\lambda$，为霍斯特指数。

2.3.2　复杂网络理论

复杂网络理论应用于金融市场，主要是通过构建相应的关联性网络，分析金融市场的交互行为、关联性以及市场性质。通常采用金融变量之间的相关性系数构建金融市场网络，以单个金融变量（如股票）作为网络的顶点，以金融变量之间的关联性作为网络的边，以相关性系数作为边的权重。由于相关性系数存在负值，一般将相关系数转换成距离测度，这样使得权重不为负，也满足了构建算法的测度需求①。常见的三种关联性网络构建方法有 MST 法、PMFG 法、阈值法。

2.3.2.1　最小生成树法

MST 是通过 $N-1$ 条边连接 N 个节点而形成的树结构，树中所有边的权重总和为最小且不构成回路。按照图论的定义是：在任意给定的加权连通图 $G=(V,E)$ 中，其中 V 与 E 分别代表顶点与边的集合，(u,v) 为连接顶点 u 与 v 的边，$\omega(u,v)$ 为其权重。若存在 T 为 E 的

---

① 在以往的研究当中，通常采用皮尔森相关系数来度量两个时间序列的线性关联性，但该系数忽视了两个时间序列之间存在着大量非线性的关联性，本书 2.1.2 小节有所总结。因此，需要寻求一种或多种新的关联性度量方法进行关联性网络的构建，这也是本书主要的研究工作之一。

子集且是无循环图，使得 $\omega(t) = \sum_{(u,v)\in T} \omega(u,v)$ 最小，则 T 为 G 的最小生成树。

曼特尼亚（Mantegna，1999）最早将 MST 法应用到金融市场的关联性分析当中，从而开创了复杂网络理论在金融市场的广泛应用。他所构建的金融市场 MST 主要分为三个步骤：

（1）计算任意两个金融时间序列（如股票价格、汇率）的相关系数 c_{ij}，并得到对应的关联性矩阵 C。

（2）将相关系数转换成距离，即 $d_{ij} = \sqrt{2(1-c_{ij})}$①，得到相应的距离矩阵 D。

（3）通过普里姆（Prim）或者克鲁斯卡尔算法构建金融市场所对应的最小生成树。

普里姆算法通过一系列不断扩张的子树构建最小生成树（Prim，1957）。首先从图的顶点集合 V 中任意选取一点作为初始顶点。在每一次迭代过程中，选择添加不在树中的最近顶点到树中，以扩张当前的生成树。其中，最近顶点是指一个不在树中的顶点，它以一条权重最小的边与树中的顶点相连。当图中所有顶点都包含在所构建的树中，该算法就终止。图 2.1 给出了普里姆（Prim）算法的伪代码（Levitin，2011）。该算法的时间复杂度为 $O(|E|\log|V|)$。

克鲁斯卡尔算法是把加权连通图 $G=(V,E)$ 的最小生成树看作是一个具有 $|V|-1$ 条边的无环子图，并且边的权重和是最小的（Kruskal，1956）。具体地，该算法通过对子图的一系列扩展来构建最小生成树，这些子图总是无环的，但在算法的中间阶段，并不一定

---

① d_{ij} 满足 Euclid 距离空间的三条公理，即：①非负性，$d_{ij} \geq 0$，当且仅当 $i=j$ 时，$d_{ij}=0$；②对称性，$d_{ij}=d_{ji}$；③三角不等式，$d_{ij} \leq d_{ik}+d_{kj}$。

```
算法 Prim（G）
    %构建最小生成树的Prim算法
    %输入：加权连通图G=（V，E）
    %输出：E_T，组成G的最小生成树的边的集合
    V_T={v_0}%用任一顶点初始化树的顶点集合
    E_T=Φ%初始化树中边的顶点集合
    k=0%初始化已处理的边的数量
    for i=1：|V|−1
    在所有的边（u，v）中，求权重最小的边e*=（u*，v*），使得u在
    V_T中，而v在V−V_T中
    V_T=V_T∪{v*}
    E_T=e_T∪{e*}
    return E_T
```

图2.1　普里姆算法的伪代码

是连通的。

图 2.2 给出了克鲁斯卡尔（Kruskal）算法的伪代码（Levitin，2011）。该算法的时间复杂度为 $O(|E|\log|E|)$。本书所构建的最小生成树，都采用克鲁斯卡尔算法。

```
算法 Kruskal（G）
    %构建最小生成树的Kruskal算法
    %输入：加权连通图G=（V，E）
    %输出：E_T，组成G的最小生成树的边的集合
    按照边的权重ω（e_{i1}≤⋯≤e_{i|E|}）的非递减顺序对集合E排序。
    E_T=Φ；ecounter=0%初始化树中边的顶点集合与集合的规模
    k=0%初始化已处理的边的数量
    while ecounter<|V|−1
        k=k+1
        if E_T∪{e_{ik}}无回路
            E_T=E_T∪{e_{ik}}；ecounter=counter+1
    return E_T
```

图2.2　克鲁斯卡尔算法的伪代码

2.3.2.2　平面最大限度滤波图法

PMFG 法是由图米内洛等（Tumminello et al.，2005）在《美国科学院院刊》上提出的，该方法的构建算法与 MST 法相似，图 2.3 给出了平面最大限度滤波图（PMFG）算法的核心代码。

```
算法PMFG（W）
%实现平面最大限度滤波图（PMFG）算法的核心Matlab代码
%输入：加权距离矩阵W
%输出：P 为 PMFG图
[i，j，w] = find（sparse（W））；
kk= find（i < j）；
ijw=[i（kk），j（kk），w（kk）]；
ijw= sortrows（ijw，3）；%按照非递减顺序进行排序
P= sparse（N，N）；%N为顶点个数
while（E < 3*（N-2））%PMFG图的最大边数
ii= ii+1；
   P1（ijw（ii，1），ijw（ii，2））=ijw（ii，3）；%插入一条新的边
   P1（ijw（ii，2），ijw（ii，1））=ijw（ii，3）；%矩阵中对称插入一条新的边
   if boyer_myrvold_planarity_test（P1~=0）% 是否满足可平面图?
      P= P1；% 如果满足可平面图，则将该边插入P中
      E= E+1；
   else
      P1 = P；% 不满足，则丢弃该边
   end
end
```

图 2.3　平面最大限度滤波图算法的核心代码

相对于 MST 法，PMFG 法既保持原有 MST 网络的特征又更大限度提取网络中有效信息，二者之间最大的区别分别是（Tumminello et al.，2005）：

（1）在图 2.3 中，对新加入边的约束不同。MST 法要求新加入的边能保持图中的边不产生环（即无环图），而 PMFG 法只要求新加入的边构成的图为可平面图即可。所谓可平面图是指图中所有边互不交叉地存在于一个平面上。

（2）两者边的数量不同。MST 的 N 个顶点通过 $N-1$ 边相连，即含 $N-1$ 边。对于可平面图，顶点数 $N(N\geqslant3)$ 与边数 q 须满足如下关系：$q\leqslant3N-6$，所以 PMFG 法通过 $3N-6$ 条边连接 N 个顶点，即含 $3N-6$ 边。

此外，PMFG 法含有 3 派系以及 4 派系，其中 n 派系指的是含有

n 个顶点，且任一顶点都互相连接的一个完全子图。因此，PMFG 法所构建的网络在边的数量与拓扑结构上要远远大于和复杂于 MST 法，使得所构建的网络更加庞大，包含更多的信息，但是也使得有效信息的提取与分析更加困难与复杂。

2.3.2.3　阈值法

阈值法由恩内拉等（Onnela et al.，2004）以及博金斯基等（Boginski et al.，2005）分别提出，并应用于金融市场网络的构建。相对于 MST 法以及 PMFG 法，阈值法所构建的网络随着阈值的增大网络变得更为复杂。恩内拉等（Onnela et al.，2004）将构建的金融市场网络称为资产图，而博金斯基等（Boginski et al.，2005）则称之为市场图。两个小组所提出的阈值法的思想是相似的，但存在以下区别：

（1）恩内拉等是在 MST 的基础上提出阈值法的，构建的步骤大致如下：假定金融市场上的金融变量为无向无权网络的顶点集，对于任意顶点 *i* 和 *j*，首先计算得到二者之间的互相关系数 c_{ij}（$-1 \leqslant c_{ij} \leqslant 1$）；其次将相关系数转换成距离测度 d_{ij}（$0 \leqslant d_{ij} \leqslant 2$），即将关联性矩阵 **C** 转换成距离矩阵 **D**。再其次，对于给定的阈值 d（$d \in [0, 2]$），如果 $d_{ij} > d$，则对顶点 *i* 和 *j* 进行边的连接。最后，不同的阈值 d，将产生结构不同的金融市场网络。

（2）博金斯基等则直接对金融变量之间的互相关系数 c_{ij} 进行处理，即对于给定的阈值 θ，$\theta \in [-1, 1]$，如果 $c_{ij} \geqslant \theta$，则对节点 *i* 和 *j* 进行边的连接。由于阈值 θ 的取值可以为负，因此构建的金融市场网络含有负的关联性。根据不同的需求，可以分别使用以上两种阈值法进行金融市场网络的构建。

2.3.3　随机矩阵理论

通过研究随机矩阵的统计性质在原子核物理领域具有非常悠久的历史。大概在 60 多年前的原子核物理领域，如何理解与描述原子核的能级特性是困扰学者们的难题，而当时已有的模型都无法解释这个问题。这一难题的解决得益于魏格纳（Wigner，1951）与其他几位学者提出与发展的随机矩阵理论（RMT）。他们发现，随机矩阵特征值的统计性质与核试验数据的性质吻合得非常好，从而可以利用随机矩阵理论来预测复杂原子系统中相互作用的随机属性。一般地，偏离 RMT 所预测的随机部分表明系统中的相互作用含有非随机的属性，故为研究潜在的非随机关联性提供了线索。拉卢等（Laloux et al.，1999）和普鲁等（Plerou et al.，1999）最早将 RMT 应用到金融市场的关联性分析。他们研究了美国股票市场的关联性，通过计算实证关联性矩阵的特征值以及特征向量，发现部分实证特征值落在 RMT 所预测的特征值范围内，存在噪声信息的干扰，从而表明实证相关性矩阵所携带的信息并非全部是股票之间相互作用的真实信息（罗英等，2013）。

假定有 N 个金融时间序列（如收益率）$\{r_i(t)\}$，其中 $1 \leqslant t \leqslant T$，$1 \leqslant i \leqslant N$，计算任意两个序列 i 与 j 之间的互相关系数 c_{ij}，可得到一个 $N \times N$ 的关联性矩阵 $\mathbf{C}$，即：

$$\mathbf{C} = \begin{bmatrix} c_{11} & c_{12} & \cdots & c_{1N} \\ c_{21} & c_{22} & \cdots & c_{2N} \\ \vdots & \vdots & \ddots & \vdots \\ c_{N1} & c_{N2} & \cdots & c_{NN} \end{bmatrix} \tag{2.22}$$

对 **C** 进行对角化处理，即：

$$\mathbf{Cu}_k = \lambda_k \mathbf{u}_k \qquad (2.23)$$

可以得到特征值 $\lambda_k (k = 1,2,\cdots,N)$ 以及所对应的特征向量 $\mathbf{u}_k (k = 1,2,\cdots,N)$，其中特征值按照从小到大的顺序进行排列，即 $\lambda_1 < \lambda_2 < \cdots < \lambda_N$。此时，关联性矩阵 **C** 的特征值的概率密度分布 $P_C(\lambda)$ 为（Çukur et al.，2007）：

$$P_C(\lambda) = \frac{1}{N} \frac{\mathrm{d}n(\lambda)}{\mathrm{d}\lambda} \qquad (2.24)$$

其中：$n(\lambda)$ 表示 **C** 中特征值小于 λ 的个数。

相应地，考虑一个随机矩阵 **R**，它满足：

$$\mathbf{R} = \frac{1}{T} \mathbf{A}\mathbf{A}^T \qquad (2.25)$$

其中：**A** 是 $N \times T$ 的随机矩阵，$\mathbf{A}^T$ 为 **A** 的转置矩阵，它们是由 N 个长度为 T 独立同分布的随机变量组成，每个随机变量服从标准正态分布，即 $N(0,1)$。

显然，可以求得随机矩阵 **R** 的统计性质。特别地，当 $N \to \infty$，$L \to \infty$ 时，且 $Q \equiv L/N (\geqslant 1)$ 固定时，随机矩阵 **R** 的特征值的概率密度分布 $P_R(\lambda)$ 服从马尔琴科 – 帕斯图尔（Marčenko-Pastur）分布（Plerou et al.，2002），即：

$$P_R(\lambda) = \frac{Q}{2\pi\sigma^2} \frac{\sqrt{(\lambda_+ - \lambda)(\lambda - \lambda_-)}}{\lambda} \qquad (2.26)$$

其中：$\lambda \in [\lambda_-, \lambda_+]$，$\sigma^2$ 为随机变量的方差，一般地 $\sigma^2 = 1$，λ_+ 与 λ_- 分别为随机矩阵 **R** 的极大与极小特征值，具体的定义为（Sengupta and Mitra, 1999):

$$\lambda_{\pm} = \sigma^2 (1 + 1/Q \pm 2\sqrt{1/Q}) \tag{2.27}$$

其中：$P_R(\lambda)$ 为 RMT 特征值的理论分布，而 $[\lambda_-, \lambda_+]$ 则为特征值 λ 的取值范围，λ_+ 与 λ_- 又被称为 RMT 的上界与下界。

RMT 预测所有的特征值都落在区间 $[\lambda_-, \lambda_+]$ 里（Rosenow et al., 2003），如果实证关联性矩阵 **C** 的特征值超出了这个区间，则表明实证特征值偏离了 RMT 的边界并携带了一些真实的信息（Çukur et al., 2007）。如果实证关联性矩阵 **C** 的性质与随机矩阵 **R** 的性质相符，则表明实证关联性矩阵 **C** 的元素是随机的。相反，如果实证关联性矩阵 **C** 与随机矩阵 **R** 存在差异，则说明实证关联性矩阵 **C** 含有非随机的关联性并存在真实的信息。关于随机矩阵的特征向量、反参与比率等性质将在后文中进行详细的介绍与分析。

第3章　基于分形分析的两个金融市场关联性研究

本章主要通过分形分析理论对两个金融市场关联性的测度及应用展开研究，具体的内容及章节安排如下：3.1 节通过降趋势关联性分析（DCCA）法与 DCCA 系数法研究人民币与其货币篮子中 4 个主要货币（即美元、欧元、日元、韩元）之间的关联性，并测度这 4 个货币在货币篮子中的权重的大小，最后分析人民币与这 4 个货币之间关联性的动态演化行为。3.2 节通过多重分形降趋势移动平均关联性分析（MF-XDMA）法研究沪深 300 股指现货市场与期货市场的关联性，发现两个市场之间的关联性呈现多重分形与非线性特性，最后分析关联性的动态演化行为。3.3 节基于 DFA 法与 DCCA 法，提出一种新的套期保值比率设定方法，即降趋势最小方差套期保值比率法。基于标准普尔 500 股指现货市场与期货市场、WTI 原油现货市场与期货市场的数据，实证发现提出的降趋势最小方差套期保值比率法要优于传统的最小方差套期保值比率法。

3.1　人民币与其货币篮子中 4 个主要货币的关联性研究

3.1.1　研究动机

随着中国经济与进出口贸易的发展，不管是在学术界还是政治与工业界，人民币汇率问题备受关注，特别是美国政要及其政府在人民币汇率问题上频繁对中国施压，使得近年来人民币兑美元汇率持续升值。然而，中国对美国的出口非但没有大幅下降，反而不断上升。迫于国内外金融形势以及国际收支状况，中国人民银行逐步推进对人民币汇率的改革。

（1）在经历了长达十多年的人民币盯住单一美元的汇率机制之后，中国人民银行于 2005 年 7 月 21 日宣布放弃该盯住机制，实现以市场供求为基础、参考"一篮子"货币进行调节、有管理的浮动汇率机制。随后，央行前行长周小川于 2005 年 8 月 10 日在上海阐述了人民币汇率新机制所参考的"一篮子"货币的组成原则，具体谈道："篮子货币的确定是以对外贸易权重为主的，目前，美国、欧元区、日本、韩国等是中国最主要的贸易伙伴，相应地，美元、欧元、日元、韩元等也自然会成为主要的篮子货币。"

（2）然而，在 2008 年金融危机期间，为了保证出口以及实现我国经济较快的稳定与复苏，央行收窄了人民币波动幅度以应对全球金融危机，此时人民币基本上又盯住了美元，人民币兑美元的汇率在 6.83 元左右的狭小区间波动。在全球金融危机之后，中国人民银行于 2010 年 6 月 19 日宣布"进一步推进人民币汇率形成机制改革，增强人民币汇率弹性"。同时指出："进一步推进人民币汇率形成机制改革，重在坚持以市场供求为基础，参考"一篮子"货币进行调节。继续按照已公布的外汇市场汇率浮动区间，对人民币汇率浮动进行动态管理和调节。"因此，稳步推进中国汇率制度的市场化改革以及人民币国际化进程将是人民币汇改的主要方向。

出于对汇率稳定、政策的灵活控制，以及货币安全的考虑，央行并没有正式公布货币篮子中的组成币种、各个货币在货币篮子中的具体权重，以及随着国内外经济形势的变化如何对"一篮子"货币进行相应的动态管理与调节。因此，许多学者开始广泛关注人民币"一篮子"货币的相关构成以及对货币篮子中货币权重的估计，并展开了一系列的研究。

例如，许少强和李亚敏（2007）根据自回归移动平均（ARMA）模型对人民币"一篮子"货币中欧元、日元汇率进行预测，并结合美元汇率的加权计算，预测了人民币中长期汇率的走势。赵海蕾和李晓钟（2009）分别以瑞士法郎与特别提款权（special drawing right, SDR）为基准货币，通过对数线性模型与多重共线性检验研究了人民币"一篮子"货币中各个货币的权重。陆前进（2009）研究了汇改之后人民币对美元与非美元汇率的变化情况，同时也研究了人民币有效汇率指数的变化，并构建了人民币核心汇率指数并分析了该指数的变动及其意义。周继忠（2009）定量研究人民币"一篮子"货币的构成方式以及稳定程度，具体通过线性回归分析研究各个货币在篮子中的权重，实证发现美元在货币篮中占据主导的地位。孙洁（Sun, 2010）研究 2005 年 7 月到 2010 年 6 月人民币汇率参考"一篮子"货币的组成结构，发现汇改之后人民币汇率变得更加稳定，美元在货币篮子中的权重很大。菲德尔穆茨（Fidrmuc，2010）基于卡尔曼滤波法分析了人民币"一篮子"货币在 2005 ~ 2009 年变化情况，得到相似结论——美元在货币篮子中依然保持了很大的比重。伊藤（Ito，2010）研究了汇改之后到 2008 年金融危机期间人民币汇率问题，发现在此期间人民币对亚洲货币具有很强的影响力。他也指出基于有浮动的货币篮子使得人民币快速获得区域锚货币的地位。

人民币"一篮子"货币的相关研究较为丰富，但是大多数研究都基于简单的线性回归模型分析人民币与其他货币之间的关联性，并没有考虑从非线性分析的角度展开研究。因此，本节基于分形分析理论研究人民币与其货币篮子中 4 个主要货币的关联性，即人民币（CNY）与美元（USD）、欧元（EUR）、日元（JPY）、韩元（KRW）之间的关联性[①]。

首先给出这 5 个货币在 2005 年 7 月 21 日至 2012 年 5 月 25 日的描述性统计分析。其次基于波多布尼克等提出的关联性统计量（Podobnik et al.，2009），定性地分析人民币与这 4 个货币之间的关联性。再其次通过 DCCA 法与 DCCA 系数法定量地研究它们之间的关联性。最后使用滑窗分析法研究关联性的动态演化行为。

3.1.2　数据与初始分析

实证数据取自于 2005 年 7 月 21 日至 2012 年 5 月 25 日 5 种货币（即 CNY、USD、EUR、JPY 以及 KRW）的日汇率数据。

---

① 简单起见，后文将用 CNY-USD、CNY-EUR、CNY-JPY、CNY-KRW 来表示人民币与这 4 个货币之间的关联性。

关于基准货币的选择，克斯金（Keskin）等认为，困扰外汇市场研究的一个普遍问题是，由于货币之间相互定价从而导致没有一个独立的基准货币，人们曾经考虑过金属货币（如黄金、铂金、白银等），但是由于它们的高波动性而被放弃（Keskin et al.，2011）。

从目前的研究来看，选择合适的基准货币主要有两种方式：

一是选择一种对世界经济影响较小的边缘或者小货币，例如内勒（Naylor）等与克斯金等分别选择新西兰元（NZD）与土耳其里拉（TRY）作为基准货币（Naylor et al.，2007；Keskin et al.，2011）。

二是选择一种能反映世界经济总体变动的货币篮子，例如弗兰克尔（Frankel）和杰弗里（Jeffrey）等都选择 SDR 作为基准货币（Jang et al.，2011；Frankel and Wei，2007；Frankel，2009）。SDR 是国际货币基金组织创设的一种储备资产和记账单位，又称"纸黄金"。

相对来讲，选择货币篮子作为基准货币更能有效地刻画本币的真实波动，弗兰克尔等认为央行更有可能选择 SDR 作为基准货币，而非波动较大的金属货币以及小货币（Frankel and Xie，2010）。

因此，本书采用 SDR 作为基准货币。实证数据来源于加拿大英属哥伦比亚大学（University of British Columbia）尚德商学院（Sauder School of Business）太平洋汇率服务（Pacific Exchange Rate Service）网站①。

以 SDR 作为基准货币，记 $P_X(t)$ 为货币 X 兑换 SDR 在第 t 天的汇率价格，货币 X 的日收益率 $r_X(t)$ 定义为价格 $P_X(t)$ 与 $P_X(t-1)$ 的对数差分，即：

$$r_X(t) = \ln P_X(t) - \ln P_X(t-1) \tag{3.1}$$

① http：//fx. sauder. ubc. ca/data. html

其中：X代表这5个货币，即 CNY、USD、EUR、JPY、KRW。

图3.1给出了5个货币的收益率图。可以发现，5个收益率都有一个很大的波动区间，即在2008年10月前后，这个时期估计是全球金融危机最为严峻的时刻。另外，人民币与美元的收益率曲线相似，表现出相同的趋势与波动，说明人民币与美元具有很强的关联性。

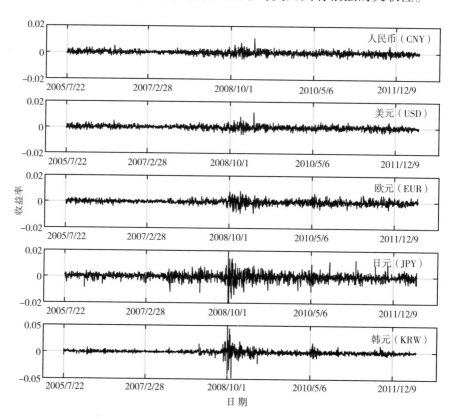

图3.1 5个货币（CNY、USD、EUR、JPY、KRW）的收益率

表3.1给出了5个货币收益率的描述性统计。从该表中可以看出，5个收益率的均值接近于0，并小于各自的标准差。在这5个货币当中，欧元的收益率具有最大的标准差，导致欧元收益率高波动的

可能原因是，在此期间欧元被欧债危机所拖累而产生了一系列的信用危机。

表3.1　　　　5个货币（CNY、USD、EUR、JPY、KRW）

收益率的描述性统计

统计量	CNY	USD	EUR	JPY	KRW
均值（×10^{-5}）	-5.1841	-1.0250	1.9112	7.2530	4.4365
最大值	0.0107	0.0114	0.0079	0.0138	0.0429
最小值	-0.0049	-0.0053	-0.0088	-0.0214	-0.0478
S. D.（×10^{-3}）	1.4140	1.4063	1.6509	0.0027	0.0039
偏度	0.3921	0.4483	-0.0038	-0.4818	-0.1727
峰度	5.9026	6.6064	6.0016	8.6907	33.3240
J-B值（×10^{3}）	0.6460	0.9868	0.6438	2.3805	65.7178
样本数	1715	1715	1715	1715	1715

注：S. D.（standard deviation）为标准差。J-B值代表哈尔克－贝拉（Jarque-Bera）统计量，它的原假设是样本收益率服从正态分布。表中5个货币收益率的哈尔克－贝拉统计量都在1%水平下显著，即拒绝原假设。

5个货币收益率的哈尔克－贝拉（Jarque-Bera）统计量都在1%水平下拒绝样本收益率服从正态分布的原假设。此外，它们的偏度与峰度分别不为0与大于3，表明它们的收益率呈现"尖峰厚尾"特性。

3.1.3　关联性检验

为了定性地分析人民币与美元、欧元、日元、韩元之间的关联性，本节采用波多布尼克等（Podobnik et al.，2009）提出的关联性统计量进行检验。该统计一般被称为波多布尼克检验，类似于卢詹克－博克斯（Ljung-Box）的自相关性检验统计量（Ljung and Box，

1978），被广泛应用于金融市场的关联性检验。对于给定两个长度为 T 的时间序列（如收益率）$\{r_i(t)\}$ 和 $\{r_j(t)\}$，互相关统计量 $Q_{cc}(m)$ 定义为：

$$Q_{cc}(m) = T^2 \sum_{t=1}^{m} \frac{C^2(t)}{T-t} \qquad (3.2)$$

其中：$C(t)$ 为相关性函数。其定义为：

$$C(t) = \frac{\sum_{k=t+1}^{T} r_i(k) r_j(k-t)}{\sqrt{\sum_{k=1}^{T} r_i^2(k) \sum_{k=1}^{T} r_j^2(k)}} \qquad (3.3)$$

波多布尼克等（Podobnik et al., 2009）认为关联性统计量 $Q_{cc}(m)$ 近似服从自由度为 m 的卡方分布 $\chi^2(m)$。该统计量的检验原假设为，m 个互相关统计量 $Q_{cc}(m)$ 的系数均为 0。如果对于给定的自由度 m，有 $Q_{cc}(m) \geqslant \chi^2(m)$，则表明两个时间序列之间存在关联性。

图 3.2 给出了 CNY-USD、CNY-EUR、CNY-JPY、CNY-KRW 的关联性统计量 $Q_{cc}(m)$ 与自由度 m 的双对数图，其中自由度 $m \in [1, 10^3]$。为了比较，图 3.2 中给出了 $\chi^2(m)$ 在 5% 显著性水平下的临界值。

从图 3.2 中可以发现，当 $m > 3$，CNY-KRW 的互相关统计量 $Q_{cc}(m)$ 总是大于其临界值；当 $m < 42$，CNY-USD、CNY-EUR、CNY-JPY 的互相关统计量 $Q_{cc}(m)$ 小于但非常接近于其临界值，但是当 $m > 42$，它们的关联性统计量随着自由度的增加而等于甚者大于其临界值。波多布尼克等（Podobnik et al., 2009）认为，对于绝大多数的自由度 m，如果两个时间序列的关联性统计量 $Q_{cc}(m)$ 大于 $\chi^2(m)$ 的标准值，可以认为两者之间的关联性是显著的。因

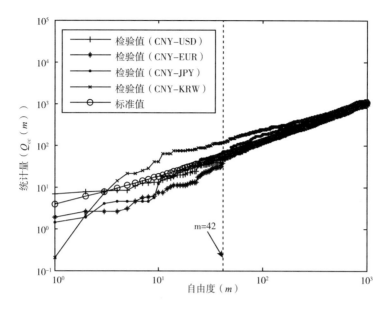

图 3.2　关联性统计量与自由度的双对数

此，可以拒绝 CNY-USD、CNY-EUR、CNY-JPY、CNY-KRW 不存在关联性的原假设，即人民币与美元、欧元、日元、韩元存在显著的长程关联性。

3.1.4　单分形分析

3.1.4.1　基于 DCCA 法与 DCCA 系数法的关联性分析

本节采用单分形分析方法，即 DCCA 法以及 DCCA 系数法定量地研究人民币与美元、欧元、日元、韩元之间的关联性。首先，本节基于 DCCA 法分析了 CNY-USD、CNY-EUR、CNY-JPY、CNY-KRW 的关联性。通过式（2.12）可以计算得到不同时间尺度 s 下的降趋势协方差函数 $F_{DCCA}(s)$，图 3.3 给出了 CNY-USD、CNY-

EUR、CNY-JPY、CNY-KRW 的降趋势协方差函数 $F_{DCCA}(s)$ 与时间
尺度 s 的双对数图。

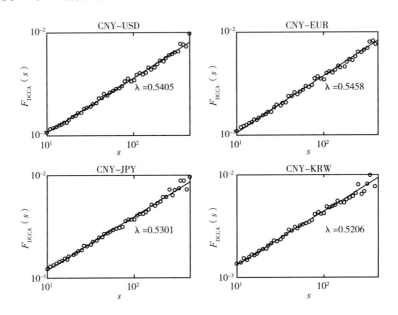

图 3.3　降趋势协方差函数 $F_{DCCA}(s)$ 与时间尺度 s 的双对数

　　图 3.3 中给出了互相关尺度指数 λ，即线性回归曲线的斜率。可
以发现，所有的关联性尺度指数都要大于但又接近于 0.5，表明人民
币与美元、欧元、日元、韩元的关联性呈现弱的持久性。值得关注的
一个结论是，CNY-EUR 而不是 CNY-USD 具有最大的关联性尺度。一
般地，当这 4 个互相关尺度指数非常接近时，不能简单地通过关联性
尺度指数判断各自的关联性孰大孰小，即不能用它来度量关联性的
水平。

　　因此，本节另外采用 DCCA 系数法定量地度量人民币与美元、欧
元、日元、韩元之间的关联性水平。图 3.4 给出了 CNY-USD、CNY-
EUR、CNY-JPY、CNY-KRW 的 DCCA 系数 $\rho_{DCCA}(s)$ 与时间尺度 s 的

双对数图。可看出，与 CNY-EUR、CNY-JPY、CNY-KRW 相比，CNY-USD 在不同时间尺度 s 下都具有最大的 DCCA 系数值，从而说明人民币与美元具有很强的关联性，某种意义上印证了人民币盯住美元的行为存在。

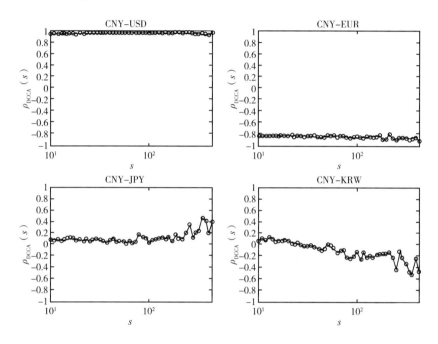

图 3.4　DCCA 系数 $\rho_{DCCA}(s)$ 与时间尺度 s 的双对数

为了比较，表 3.2 给出了这 4 个 $\rho_{DCCA}(s)$ 序列的描述性统计。根据均值大小对这 4 个 $\rho_{DCCA}(s)$ 序列进行排序，可得 CNY-USD＞CNY-EUR＞CNY-JPY＞CNY-KRW，这在某种意义上表明人民币"一篮子"货币中货币权重大小排序是 USD＞EUR＞JPY＞ KRW。相反地，根据标准差的大小进行排序，可得相反的结果，即 CNY-USD＜CNY-EUR＜CNY-JPY＜CNY-KRW，从而说明这 4 种货币在人民币"一篮子"货币中稳定性排序是 USD＞EUR＞JPY＞KRW。

表 3.2   4 个 $\rho_{DCCA}(s)$ 序列的描述性统计

统计量	CNY-USD	CNY-EUR	CNY-JPY	CNY-KRW
均值	0.9653	0.8742	0.6411	0.6136
最大值	0.9777	0.9261	0.6944	0.7745
最小值	0.9418	0.8431	0.6038	0.5212
标准差	0.0069	0.0174	0.0200	0.0618
偏度	−0.4872	1.1134	0.8606	0.4569
峰度	4.2164	3.9952	3.7082	2.7380
J-B 值	5.0607*	12.3936***	7.2170**	1.8826
样本数	50	50	50	50

注：J-B 值代表哈尔克 – 贝拉（Jarque-Bera）统计量，它的原假设是样本序列服从正态分布。*、**、*** 分别表示在 10%、5%、1% 水平上显著。

另外，CNY-USD、CNY-JPY、CNY-EUR 的 $\rho_{DCCA}(s)$ 序列的哈尔克 – 贝拉统计量分别在 10%、5%、1% 水平下拒绝服从正态分布的原假设，故说明这三个序列具有"尖峰厚尾"特性。然而，CNY-KRW 的 $\rho_{DCCA}(s)$ 序列服从正态分布，因为它的哈尔克 – 贝拉统计量不能拒绝其服从正态分布的原假设，而且它的偏度与峰度都分别接近于 0 与 3。

3.1.4.2   关联性尺度指数与自相关尺度指数的关系

波多布尼克和史坦利（Podobnik and Stanley，2008），以及周炜星（Zhou，2008）通过数值模拟与分析认为，对于两个独立且同时服从高斯（Gaussian）分布的自回归分数整移动平均（autoregressive fractionally integrated moving average，ARFIMA）过程，它们之间的关联性尺度指数要近似等于平均自相关尺度指数，即关联性尺度指数 λ_{ij} 与自相关尺度指数 α_i 和 α_j 之间满足如下关系：

$$\lambda_{ij} \approx (\alpha_i + \alpha_j)/2 \qquad\qquad (3.4)$$

其中：λ_{ij}通过 DCCA 法计算得到，表示两个货币 i 与 j 收益率之间的关联性尺度指数，α_i 与 α_j 通过 DFA 法计算得到，分别表示货币 i 与 j 收益率的自相关尺度指数。另外，$(\alpha_i + \alpha_j)/2$ 表示平均自相关尺度指数。

　　为了验证互相关尺度指数与平均自相关尺度指数两者之间的关系是否满足式（3.4），本节通过 DFA 法估计了 5 个货币的自相关尺度指数，其结果如图 3.5 所示。

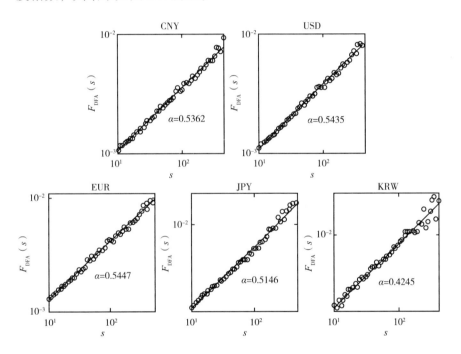

图 3.5　降趋势方差函数 $F_{DFA}(s)$ 与时间尺度 s 的双对数

　　从图 3.5 可以发现，人民币、美元、欧元、日元的自相关尺度指数（即霍斯特指数）都要大于 0.5，从而表明这 4 个货币存在长程自相关性。但是，对于韩元，其自相关尺度指数为 0.4254，小于 0.5，表明它的自相关性是负的。基于这 5 个货币的自相关性尺度指数，可以计算得到它们的平均自相关尺度指数，其结果如表 3.3 所示。

表 3.3　　　　关联性尺度指数 λ_{ij} 与平均自相关尺度指数 $(\alpha_i + \alpha_j)/2$

尺度指数	CNY-USD	CNY-EUR	CNY-JPY	CNY-KRW
λ_{ij}	0.5405	0.5458	0.5301	0.5206
$(\alpha_i + \alpha_j)/2$	0.5399	0.5405	0.5254	0.4804

从表 3.3 可以看到，CNY-USD、CNY-EUR、CNY-JPY、CNY-KRW 的关联性尺度指数 λ_{ij} 都要分别大于自相关尺度指数 α_i 与 α_j 的平均值（即 $(\alpha_i + \alpha_j)/2$），说明人民币与美元、欧元、日元、韩元的关联性要强于人民币与它们之间的平均自相关性。对于 CNY-USD、CNY-EUR、CNY-JPY，尽管它们的关联性尺度指数 λ_{ij} 要大于平均自相关尺度指数 $(\alpha_i + \alpha_j)/2$，但是两者近似地相等，从而验证了式（3.4）的结论。然而，对于 CNY-KRW，它的互相关尺度指数 λ_{ij} 等于 0.5206 要大于 0.5，而它的平均自相关尺度指数 $(\alpha_i + \alpha_j)/2$ 等于 0.4804 要小于 0.5，因此不满足式（3.4）的结论。可能的原因是人民币与韩元的收益率并不独立且服从高斯分布，从而使得其结果并不满足式（3.4）。

3.1.5　滑窗分析

为了研究人民币与美元、欧元、日元、韩元之间关联性的动态演化行为，本节采用滑窗分析法分析 CNY-USD、CNY-EUR、CNY-JPY、CNY-KRW 的时变关联性尺度指数，即 λ_t。滑窗分析法，又称局部霍斯特或尺度指数（Grech and Pamuła, 2008; Podobnik and Stanley, 2008），它的基本思想是：对于给定长度为 T 的两个时间序列（如收益率），首先使用这两个时间序列的前 $L(L < T)$ 观测值计算关联性尺度指数 λ，其中 L 即为窗长，随后，计算这两个时间序列从第 ΔL 到第 $L + \Delta L$ 个观测值的互相关尺度指数，记为第 2 个 λ 值，其中 ΔL 即为步长。持续以上步骤直至计算完所有的观测值，从而可以得到时变的关联性尺度指数。

在以往众多的研究当中，许多学者通常使用滑窗分析法研究金融市场的动态性，并且讨论如何选择合适的窗长大小。格雷奇和马祖尔（Grech and Mazur，2004）认为，对于给定 t 时刻，局部霍斯特或尺度指数取决于窗长的大小，即窗长大小不同，局部霍斯特或尺度指数大小也会发生变化。关于窗长大小的选择，刘莉等作了相关的总结与建议（Liu and Wan，2011），一方面，应该选择大的窗长，比如将窗长设为 4 年（Cajueiro and Tabak，2005），分析市场长期动态性的趋势（如市场有效性）；另一方面，应该选择小的窗长分析外部因素（如金融危机、季节因素、经济周期）对市场短期动态性的影响，例如将窗长设为 1 年（Wang et al.，2011）。

本节研究取窗长 L 为 250 个交易日，约等于 1 个交易年，步长 ΔL 为 1 个交易日。图 3.6 至图 3.9 分别给出了 CNY-USD、CNY-EUR、CNY-JPY、CNY-KRW 的时变关联性尺度指数。在每个图中，x 轴上的日期代表每个窗的开始与结束日期，比如"2005/7/22 ~ 2006/7/21"表示该窗的起始点是 2005 年 7 月 22 日，结束点是 2006 年 7 月 21 日。

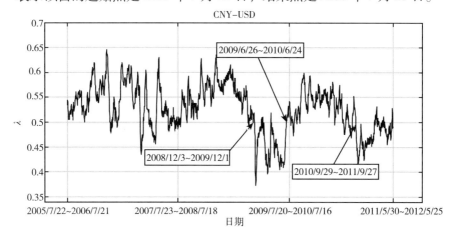

图 3.6　CNY-USD 时变关联性尺度指数

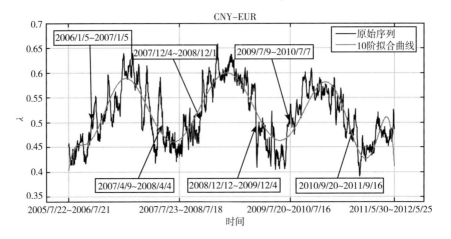

图 3.7 CNY-EUR 时变关联性尺度指数

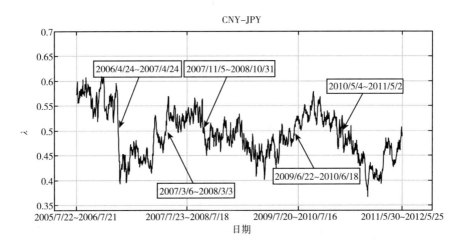

图 3.8 CNY-JPY 时变关联性尺度指数

从图 3.6 可以发现，CNY-USD 绝大多数的关联性尺度指数大于 0.5，说明人民币与美元的关联性具有持久性或者是正向的。然而，在图 3.6 中可以发现两个特殊时间段内的关联性表现出反持久性（即 $\lambda > 0.5$），分别是 2008 年 12 月到 2010 年 6 月期间，

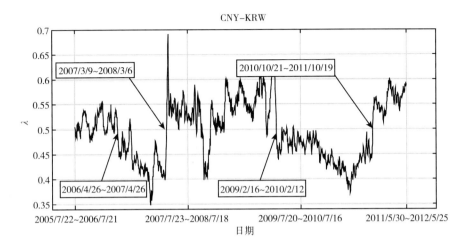

图 3.9　CNY-KRW 时变关联性尺度指数

以及 2010 年 9 月以后。不难看出，这两个时期刚好发生了 2008 年全球金融危机以及欧债危机，此时，人民币与美元表现出长程负关联性。

从图 3.7 可以发现，CNY-EUR 的时变关联性尺度指数表现出周期的波动，波动的周期大概为 2 年。图 3.7 同时给出了 CNY-EUR 时变关联性尺度指数的 10 阶多项式拟合曲线，该曲线较好地拟合了原始序列，因此可以用来预测 CNY-EUR 关联性的未来走势。值得关注的是，在 2007 年 7 月以后，CNY-USD 和 CNY-EUR 的关联性尺度指数具有相同的趋势。

从图 3.8 可以看出，CNY-JPY 绝大多数的关联性尺度指数都要小于 0.5，表明人民币与日元的关联性呈反持久性。特别是在欧债危机中，即在 2010 年 5 月以后，CNY-JPY 具有长程负关联性。相反地，如图 3.9 所示，大约在 2010 年 10 月以后，人民币与韩元在欧债危机期间呈现出正向关联性。

3.1.6 研究结果

本节主要研究了人民币与人民币"一篮子"货币中4个主要货币（即美元、欧元、日元、韩元）之间的关联性行为，并分析了CNY-USD、CNY-EUR、CNY-JPY、CNY-KRW 的关联性。首先，本节采用波多布尼克等提出的关联性检验，发现关联性显著存在于CNY-USD、CNY-EUR、CNY-JPY、CNY-KRW。其次，本节使用DCCA 法，定量地分析了关联性，结果表明 CNY-USD、CNY-EUR、CNY-JPY、CNY-KRW 呈现出弱的持久性。再其次，本节基于 DC-CA 系数法，定量地研究了关联性水平，发现这4个货币在人民币"一篮子"货币的权重的顺序依次为 USD > EUR > JPY > KRW。最后，本节通过滑窗分析法，研究了 CNY-USD、CNY-EUR、CNY-JPY、CNY-KRW 的时变互相关尺度指数，实证发现：人民币与美元在大多数时期呈现出正向关联性；人民币与欧元的关联性具有周期波动性；欧债危机之后，人民币与日元呈现负的关联性，而人民币与韩元表现出正的关联性。

3.2 沪深 300 现货市场与期货市场的关联性研究

3.2.1 研究动机

2010 年 4 月 16 日，经证监会批准，中国首只与资本市场挂钩的金融期货——沪深 300 股指期货合约在中国金融期货交易所正式上

市，标志着中国资本市场进入新的发展阶段，结束了股票市场近 20
多年来"单边市"的格局，为证券市场提供了规避风险的工具。股
指期货具有规避风险与价格发现等功能。具体而言，一方面，股指期
货可以为投资者与套利者提供投资与套利的机会；另一方面，股指期
货具有套期保值的功能，能为市场参与者提供规避股票市场系统性
风险的机会（魏卓等，2012）。

　　随着沪深 300 股指期货的推出，大量学者开始关注与研究沪深
300 股指期货的基本功能，如套利、价格发现、套期保值等。例如，
魏卓等（2012）研究基于高频数据的中国股指期货市场的套利机会，
主要通过 ETF 基金复制沪深 300 股指作为现货，构建沪深 300 股指期
货的无套利边界，并对沪深 300 的三个主力合约进行套利，其实证结
果表明，三个主力合约都存在套利的机会。采用沪深 300 股指期货与
现货的 1 分钟高频数据，何诚颖等（2011）研究沪深 300 股指期货与
现货的价格发现功能，从新信息的反应速度以及融入比率两个角度，
发现沪深 300 股指期货市场的价格发现功能要强于现货市场。文凤华
等（2011）基于双变量条件异方差模型，研究了沪深 300 股指期货
与现货市场之间的动态关联性，发现沪深 300 股指期货市场在长短期
的价格发现能力上都要优先于现货市场。方匡南和蔡振忠（2012）
选取沪深 300 股指期货 5 分钟高频数据，基于协整检验、误差修正模
型和脉冲响应函数分析了沪深 300 股指期货长期与短期的价格发现功
能，实证发现沪深 300 股指期货与现货价格之间存在互相引导关系。
另外，基于沪深 300 股指期货与现货的日价格数据，温晓倩等（Wen
et al.，2011）采用最小二乘法与广义条件异方差模型等研究沪深 300
股指期货市场的套期保值有效性；侯杨和李·史蒂芬（Hou and Li，
2013）通过二元广义条件异方差模型研究沪深 300 股指期货的套期保

值性能，实证结果表明沪深 300 股指期货能够作为一个有效的套期保值工具。

总体来看，大量的研究都集中在沪深 300 股指期货的套利、价格发现以及套期保值等方面。另外，许多研究基于金融时间序列服从正态分布的假设下，采用线性模型展开相关的分析，忽视了金融时间序列的"尖峰厚尾"特性以及长程记忆性。同时，关于沪深 300 股指现货市场与期货市场关联性的研究较少，特别是基于非线性与非参估计模型的研究更少。

因此，本节将采用一种新的多重分形分析方法，即多重分形降趋势移动平均关联性分析（MF-XDMA）法（Jiang and Zhou，2011），研究沪深 300 现货市场与期货市场的关联性行为。MF-XDMA 法以降趋势移动平均分析（detrending moving-average analysis，DMA）法（Vandewalle and Ausloos，1998）、降趋势移动平均关联性分析（DMCA）法（He and Chen，2011）、多重分形降趋势移动平均分析（MF-DMA）法（Gu and Zhou，2010）为基础。

对于金融时间序列，中心 MF-XDMA 法[①]要优于 MF-DCCA 法，它能更准确地度量两个时间序列关联性的多重分形特性（Jiang and Zhou，2011）。本节的数据采用沪深 300 股指现货与期货在 2010 年 4 月 16 日至 2012 年 4 月 17 日的 5 分钟高频数据。在实证分析中，首先采用关联性检验法定性地度量了沪深 300 股指现货市场与期货市场的关联性；其次，基于中心 MF-XDMA 法定量地研究了两个市场之间关联性的多重分形特性；最后，通过滑窗分析法，给出了两个市场的

---

① MF-XDMA 法根据位置参数 θ 的情况，可以细分为三种方法：后向 MF-XDMA 法、中心 MF-XDMA 法、前向 MF-XDMA 法。后文将有详细介绍。

时变关联性尺度指数，以研究关联性的动态演化行为。

3.2.2　多重分形降趋势移动平均关联分析法

本小节简单描述多重分形降趋势移动平均关联性分析（MF-XD-MA）法，它被广泛用于度量两个金融时间序列关联性的多重分形特征。

对于给定的时间序列（如收益率）$\{x(t)|t=1,2,\cdots,T\}$ 和 $\{y(t)|t=1,2,\cdots,T\}$，MF-XDMA 法包含如下计算步骤。

第一步，通过求和将原始时间序列构造成新的时间序列，即：

$$X(t) \equiv \sum_{i=1}^{t} x(k), Y(t) \equiv \sum_{i=1}^{t} y(k), t = 1,2,\cdots,T \quad (3.5)$$

第二步，给定大小为 n 的窗（即时间尺度为 n），对于时间序列 $Z \in \{X,Y\}$，它的移动平均函数定义为：

$$\tilde{Z}(t) = \frac{1}{n} \sum_{k=-\lceil (n-1)\theta \rceil}^{\lceil (n-1)(1-\theta) \rceil} Z(t-k) \quad (3.6)$$

其中：θ 为位置参数且 $\theta \in [0,1]$，$\lfloor \cdot \rfloor$ 与 $\lceil \cdot \rceil$ 分别表示向下与向上取整。

计算移动平均函数 $\tilde{Z}(t)$ 的数据包含过去 $\lceil (n-1)(1-\theta) \rceil$ 个数据以及未来 $\lfloor (n-1)\theta \rfloor$ 个数据。根据 θ 的取值，$\tilde{Z}(t)$ 有三种特殊情形：（1）当 $\theta=0$ 时，$\tilde{Z}(t)$ 计算过去 $n-1$ 个数据，故称之为后向移动平均；（2）当 $\theta=0.5$ 时，计算 $\tilde{Z}(t)$ 的数据一半来自过去，一半来自未来，故称之为中心移动平均；（3）当 $\theta=1$ 时，$\tilde{Z}(t)$ 计算未

来 $n-1$ 个数据，故称之为前向移动平均。本节只考虑中心移动平均这一情形。

第三步，对序列 $Z(t)$ 与 $\tilde{Z}(t)$ 作相减处理，即通过降趋势处理以移除时间序列可能存在的趋势，从而得到互相关残差序列 $\varepsilon(i)$，即：

$$\varepsilon(i) = \left[\, X(i) - \tilde{X}(i)\,\right]\left[\, Y(i) - \tilde{Y}(i)\,\right] \tag{3.7}$$

其中，$n - \lfloor (n-1)\theta \rfloor \leqslant i \leqslant N - \lfloor (n-1)\theta \rfloor$。

第四步，将残差序列 $\varepsilon(i)$ 分割成 $T_n = \mathrm{int}(T/n)$ 个非重叠的子序列，每个子序列的长度为 n。对于每个非重叠的子序列 $v(1 \leqslant v \leqslant T_n)$，$\varepsilon_v(i)(1 \leqslant i \leqslant n)$，满足 $\varepsilon_v(i) = \varepsilon_v(l+i)$，其中，$l = (v-1)n$。每个子序列的降趋势互相关协方差函数定义为：

$$F(n,v) = \frac{1}{n}\sum_{i=1}^{n}\varepsilon_v(i) \tag{3.8}$$

第五步，计算整个样本的 q 阶降趋势协方差函数，对于任意 $q \neq 0$ 有：

$$F_{xy}(q,n) = \left\{\frac{1}{T_n}\sum_{v=1}^{T_n}|F(n,v)|^{q/2}\right\}^{1/q} \tag{3.9}$$

与：

$$F_{xy}(0,n) = \exp\left\{\frac{1}{2N_n}\sum_{v=1}^{N_n}\ln|F(n,v)|\right\} \tag{3.10}$$

第六步，对于不同阶数 q，计算不同时间尺度 n 所对应的降趋势协方差函数 $F_{xy}(q,n)$，$F_{xy}(q,n)$ 与 n 存在如下幂律标度关系：

$$F_{xy}(q,n) \sim n^{h_{xy}(q)} \tag{3.11}$$

其中，$h_{xy}(q)$ 为关联性尺度指数。

通过最小二乘法对 $F_{xy}(q,n)$ 与 n 的双对数图进行拟合回归，得到的拟合曲线的斜率即为对应的关联性尺度指数 $h_{xy}(q)$。特别地，当两个时间序列为同一序列时，即 $\{x(t)\} = \{y(t)\}$，MF-XDMA 法退化为 MF-DMA 法，且 $h_{xy}(q) = h_{xx}(q) = h_{yy}(q)$，即关联性尺度指数退化为自相关尺度指数。此外，当 $q = 2$ 时，MF-XDMA 法退化为 DMCA 法，且 $h_{xy}(2) = \lambda$，即为霍斯特指数。

根据多重分形理论，可以采用多重分形尺度指数 $\tau_{xy}(q)$，又称瑞利（Rényi）指数，表征多重分形特性，瑞利指数与关联性尺度指数存在如下关系：

$$\tau_{xy}(q) = qh_{xy}(q) - D_f \tag{3.12}$$

其中：D_f 为分形维数。对于时间序列，取 $D_f = 1$。

如果瑞利指数 $\tau_{xy}(q)$ 是关于 q 的非线性关系，则表明这两个时间序列的关联性具有多重分形特性。

对式（3.12）作勒让德（Legendre）转换，可以得到奇异强度函数 $\alpha(q)$ 与多重分形谱 $f(\alpha)$，即有：

$$\alpha(q) = \mathrm{d}\tau_{xy}(q)/\mathrm{d}q \tag{3.13}$$

$$f_{xy}(\alpha) = \alpha q - \tau_{xy}(q) \tag{3.14}$$

3.2.3　数据与初始分析

沪深 300 股票指数是由中证指数公司编制的 CSI 300 指数于 2005 年 4 月 8 日正式发布。它选取了上海证券市场与深圳证券市场 300 只规模大且流动性好的 A 股作为样本，覆盖了沪深两市六成左右的市值，具有很好的市场代表性。沪深 300 股指期货是以沪深 300 股指（现货）为标的物的期货品种，于 2010 年 4 月 16 日在中国金融期货交易所（CFFEX）推出。

本节所采用的实证数据为沪深 300 股指现货与期货在 2010 年 4 月 16 日至 2012 年 2 月 17 日的 5 分钟高频数据，它包含了 22 个主力合约以及 21408 个高频数据，其中每个交易日包含 48 个 5 分钟高频数据，一共有 446 个交易日。数据与交易信息来自中国金融期货交易所与天软数据库。

基于 5 分钟高频数据，t 时刻的收益率 $r(t)$ 定义为价格序列的对数差分，即：

$$r(t) = \ln P(t) - \ln P(t - \Delta t) \tag{3.15}$$

其中：$P(t)$ 与 $P(t - \Delta t)$ 分别为 t 时刻与 $t - \Delta t$ 时刻的价格。Δt 为时间间隔，为 5 分钟。波动率定义为收益率的绝对值，即 $|r(t)|$。

图 3.10 给出了沪深 300 股指现货与期货的价格与收益率图。可以发现，两个价格序列具有相同的走势，而沪深 300 股指期货的收益率波动明显大于现货。表 3.4 给出了沪深 300 股指现货与期货收益率的描述性统计。

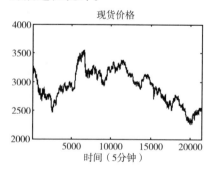
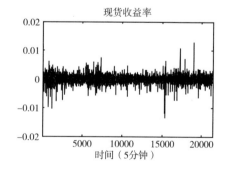

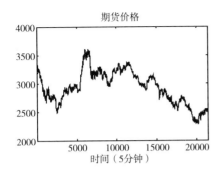
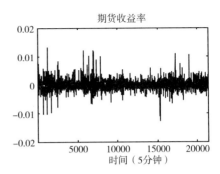

图 3.10　沪深 300 股指现货与期货价格及收益率

表 3.4　　　　　　　　沪深 300 股指现货与期货收益率的描述性统计

统计量	现货	期货
均值（$\times 10^{-6}$）	-5.7915	-6.2389
最大值	0.0129	0.0133
最小值	-0.0135	-0.0127
标准差（$\times 10^{-4}$）	8.5508	8.8900
偏度	-0.2743	0.7413
峰度	19.3771	26.1533
J-B 值（$\times 10^5$）	2.3945 ***	4.8002 ***
样本数	21407	21407

注：J-B 值代表哈尔克－贝拉（Jarque-Bera）统计量，它的原假设是样本序列服从正态分布。*** 表示在1%水平上显著。

在 5 分钟高频环境下，两者的收益率都特别小，接近于 0，而沪深 300 股指期货的标准差要大于现货，表明前者的波动要大于后者。两个收益率的哈尔克－贝拉统计量均在 1% 水平下拒绝样本序列服从正态分布的假设。

此外，它们的偏度与峰度均不等于 0 或 3，说明沪深 300 股指现货与期货收益率表现出显著的"尖峰厚尾"特性。另外一个区别是，沪深 300 股指现货收益率是左偏，而期货收益率则为右偏。

下面采用波多布尼克等（Podobnik et al.，2009）提出的一种新的幂律估计方法，进一步研究这两个收益率的厚尾分布特性。在平均意义上，对于每个时间间隔 $\tau_{\mathrm{ave}}(q)$，存在时间序列的波动率大于阈值 q，且满足如下关系：

$$1/\tau_{\mathrm{ave}}(q) \approx \int_q^\infty P(|x|)\mathrm{d}|x| = P(|x| > q) \sim q^{-\beta} \qquad (3.16)$$

对于每个收益率，可以计算得到不同阈值 q 下的平均时间间隔 $\tau_{\mathrm{ave}}(q)$，而 $\tau_{\mathrm{ave}}(q)$ 与 q 存在如下标度幂律关系：

$$\tau_{\mathrm{ave}}(q) \sim q^\beta \qquad (3.17)$$

其中：β 为尾部指数。

在金融市场中，如金融时间序列（一般指收益率），普遍存在"反向三次幂法则"，即 $\beta = 3$。另外加贝克斯等（Gabaix et al.，2003）发表在《自然》上的研究表明股市崩溃的频率服从"反向三次幂法则"。

图 3.11 给出了平均时间间隔 $\tau_{\mathrm{ave}}(q)$ 与阈值 q 的双对数图，其中 q 的取值范围是从 2σ 到 8σ，步长为 0.25σ，σ 为对应波动率的标准差。可以发现，沪深 300 股指现货市场与期货市场所对应的尾部指数 β 分别等于 2.9963 与 2.9021，都十分接近 3，从而表明这两个市场的收益率服从"反向三次幂法则"，并不服从正态分布。

3.2.4 关联性检验

本节采用波多布尼克等（Podobnik et al.，2009）提出的关联性

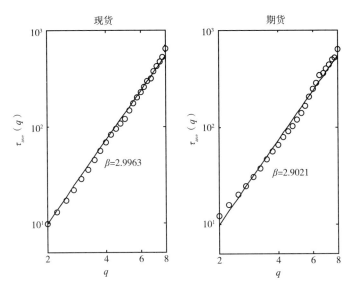

图 3.11　平均时间间隔 $\tau_{ave}(q)$ 与阈值 q 的双对数

统计量定性地检验沪深 300 股指现货市场与期货市场的关联性，具体的方法介绍见 3.1.3 小节。基于式（3.2），可以计算得到沪深 300 股指现货市场与期货市场的互相关统计量 $Q_{cc}(m)$。

图 3.12 给出了沪深 300 股指现货市场与期货市场的互相关统计量 $Q_{cc}(m)$ 与自由度 m 的双对数图（图中虚线所示），其中自由度 $m \in [1, 10^3]$。图 3.12 同时给出了 $x^2(m)$ 在 1% 显著性水平下的临界值（图中实线所示）。可以发现，所有的检验值都要显著大于 1% 水平下的标准值，因此可以拒绝沪深 300 股指现货市场与期货市场不存在关联性的原假设。也就是说，长程关联性显著地存在于沪深 300 股指现货市场与期货市场之间。

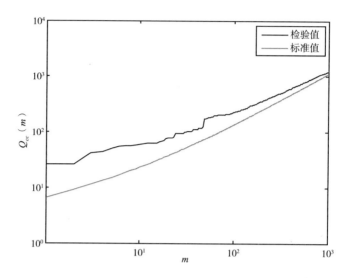

图3.12 关联性统计量 $Q_{cc}(m)$ 与自由度 m 的双对数（沪深 300 现货与期货）

3.2.5 多重分形分析

本节采用 MF-XDMA 法定量地分析沪深 300 股指现货市场与期货市场的关联性，对 MF-XDMA 法中的变量进行设定，其中时间尺度 n 的范围设为 $[10, T/10]$，T 为沪深 300 股指现货与期货收益率的长度，阶数 q 的取值为 $[-4, 4]$，步长为 1/4。图 3.13 给出了降趋势协方差函数 $F_{xy}(q, n)$ 与时间尺度 n 的双对数图，其中直线为线性拟合曲线。对于不同阶数 q，$F_{xy}(q, n)$ 曲线都近似地接近于线性曲线，从而表明幂律关联性存在于沪深 300 股指现货市场与期货市场之间，同时也意味着沪深 300 股指期货市场价格的变化会导致现货市场价格的变化，反之亦然。

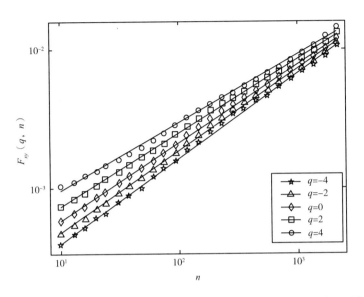

图 3. 13 不同阶数下降趋势协方差函数 $F_{xy}(q,n)$ 与时间尺度 n 的双对数

图 3.14 给出了沪深 300 股指现货市场与现货市场的互相关尺度指数 $h_{xy}(q)$ 与阶数 q 的非线性关系，即图中带三角形"△"符号的曲线。为了比较，该图给出了沪深 300 股指现货市场与期货市场各自的自相关尺度指数 $h_{xx}(q)$ 与 $h_{yy}(q)$，即图中带圆形"○"符号的曲线与带方形"□"符号的曲线。如果尺度指数 $h(q)$ 随阶数 q 不同而取值不同，则表明该市场是多重分形的；反之，则为单分形。从图 3.14 可以看出，随着阶数 q 的增大，互相关尺度指数 $h_{xy}(q)$ 从 0.61 下降到 0.5 以下，即不同的 q，对应不同的尺度指数 $h_{xy}(q)$，从而表明沪深 300 股指现货市场与期货市场的关联性表现出明显的多重分形与非线性特性。同样地，通过观察自相关尺度指数 $h_{xx}(q)$ 与 $h_{yy}(q)$ 的变化，可以发现单个沪深 300 股指现货市场与期货市场都存在多重分形与非线性特性。对于由多重分形二元方法生成的两个时间序列，它们的关联性尺度指数 $h_{xy}(q)$、自相关尺度指数 $h_{xx}(q)$ 与

$h_{yy}(q)$ 三者之间满足如下关系（Jiang and Zhou，2011）：

$$h_{xy}(q) = [h_{xx}(q) + h_{yy}(q)]/2 \qquad (3.18)$$

其中：$[h_{xx}(q) + h_{yy}(q)]/2$ 为平均自相关尺度指数。

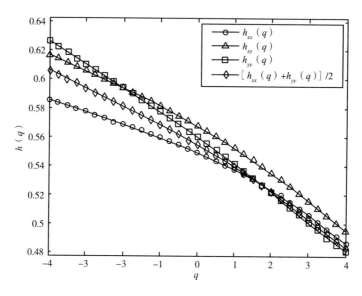

图 3.14　沪深 300 股指现货市场与期货市场的互（自）相关尺度指数

图 3.14 中带菱形"◇"符号的曲线即为平均自相关尺度指数。可以看出，对于不同的阶数 q，互相关尺度指数 $h_{xy}(q)$ 大于平均自相关尺度指数，式（3.18）的结论并没有在本节中的实证得到验证，这说明沪深 300 现货市场与期货市场的关联性要强于两个市场的平均自相关性（或记忆性）。导致这一结果的可能原因是一些未知的外部因素同时影响着沪深 300 股指现货市场与期货市场。同时也表明，一个市场的价格变动往往引起另一个市场的价格发生变动，这一联动行为要比单个市场自身的行为（如自相关性）出现得更为频繁。

基于式（3.12），进一步计算得到沪深 300 股指现货市场与期货市场的多重分形尺度指数（即瑞利指数）$\tau_{xy}(q)$，其结果如图 3.15 中带三角形"△"符号的曲线所示。图 3.15 给出了沪深 300 股指现货市场与期货市场各自的瑞利指数 $\tau_{xx}(q)$ 和 $\tau_{yy}(q)$，分别为图中带方形"□"符号的曲线与带圆形"○"符号的曲线。为了比较，图 3.15 也给出了单分形高斯噪声的 $\tau_{\text{Gaussian}}(q)$ 曲线，即图中带菱形"◇"符号的直线。

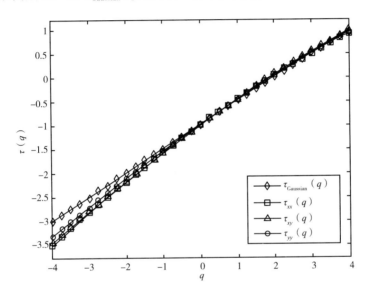

图 3.15　沪深 300 股指现货市场与期货市场的多重分形尺度指数

根据分形分析理论，单分形时间序列的瑞利指数为一条直线，而多重分形时间序列的瑞利指数则为非线性的曲线。从图 3.15 可以看到，实证的三条瑞利指数曲线偏离于单分形高斯噪声的瑞利指数所表征出来的直线，从而进一步表明沪深 300 股指现货市场与期货市场的关联性具有显著的多重分形特性。相应地，也验证了多重分形特征显著地存在于各个分市场。

通过式（3.13）与式（3.14），估计出沪深 300 股指现货市场与期货市场的多重分形谱 $f_{xy}(\alpha)$ 与奇异强度函数 α，其结果如图 3.16

中带三角形"△"符号的曲线所示。图3.16给出了沪深300股指现货市场与期货市场各自的多重分形谱$f_{xx}(\alpha)$和$f_{yy}(\alpha)$，分别为图中带圆形"○"符号的曲线与带方形"□"符号的曲线。多重分形谱可以用来刻画复杂金融市场的复杂动力学行为，如果多重分形谱聚集为一点，则该时间序列为单分形序列，反之则为多重分形序列。显然，图3.16中的三条多重分形谱都呈上凸的类抛物线形状，并非聚集于一点，再一次证明沪深300股指现货市场与期货市场的关联性具有显著的多重分形特性，并且各个分市场也具有显著的多重分形特性。为了度量市场的多重分形强度，一般采用以下两个指标：

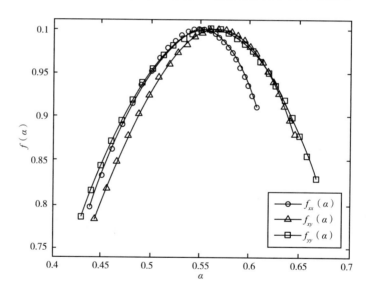

图3.16　沪深300股指现货市场与期货市场的多重分形谱

$$\Delta h = h(q)_{max} - h(q)_{min} \tag{3.19}$$

$$\Delta\alpha = \alpha_{max} - \alpha_{min} \tag{3.20}$$

其中：$h(q)_{max}$与$h(q)_{min}$分别为广义霍斯特指数（也称尺度指数）的

最大值与最小值；α_{max} 与 α_{min} 分别表示奇异强度函数的最大值与最小值；Δh 为广义霍斯特指数的高度，而 $\Delta\alpha$ 为多重分形谱的宽度。Δh 与 $\Delta\alpha$ 能有效刻画市场的多重分形强度，可以用来描述市场的复杂程度，Δh 与 $\Delta\alpha$ 的值越大，表明多重分形特性越强，市场的复杂度越大，两个市场之间的长程互相性也越强。另外，Δh 与 $\Delta\alpha$ 可以用来定量地表征市场的波动行为，即为市场风险的度量指标，Δh 与 $\Delta\alpha$ 越大，蕴含的市场风险越大。

表 3.5 列出了沪深 300 股指现货市场与期货市场的多重分形强度 Δh 与 $\Delta\alpha$ 的结果。可以看出，不论是 Δh 还是 $\Delta\alpha$，两个市场之间的多重分形强度要大于现货市场，且弱于期货市场，表明两个市场之间的风险要大于现货市场而小于期货市场。导致沪深 300 股指期货市场具有最大的多重分形强度（即市场风险）的可能原因是相比于现货市场，期货市场包含更多的噪声交易，例如投机交易。另外，流动性交易者更偏好于在期货市场进行交易，从而使得期货市场蕴含着更大的市场风险。

表 3.5　　　沪深 300 股指现货市场与期货市场的多重分形强度

市场	Δh	$\Delta\alpha$
现货市场	0.0994	0.1680
两个市场	0.1217	0.2012
期货市场	0.1454	0.2369

3.2.6　滑窗分析

为了捕获关联性的动态性，本节采用滑窗分析法研究沪深 300 股指现货市场与期货市场的时变关联性尺度指数 $h_{xy}(2)$，即时变的霍斯特指数 H。关于滑窗分析法的介绍见 3.1.5 节。通过计算实证数据中

22 个主力合约的平均交易天数近似为 20 天，即为 1 个交易月。因此，将窗长 L 设为 20 个交易日，大约含有 960 个 5 分钟高频数据。

另外，将步长 ΔL 设为 5 分钟，即 1 个高频交易数据。基于窗长 $L=20$ 天与步长 $\Delta L=5$ 分钟的条件下，图 3.17 给出了沪深 300 股指现货市场与期货市场的时变关联性尺度指数 $h_{xy}(2)$。从图 3.17 可以发现，绝大部分关联性尺度指数 $h_{xy}(2)$ 大于 0.5，表明沪深 300 股指现货市场与期货市场的关联性呈现长程持久性。

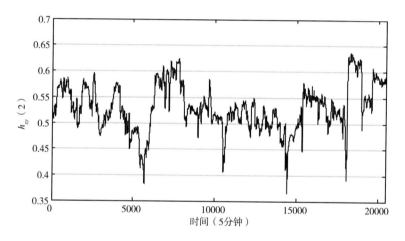

图 3.17　沪深 300 股指现货市场与期货市场的时变关联性尺度指数（5 分钟）

为了检验结果的鲁棒性，在窗长 $L=20$ 天不变的情况下，将步长 ΔL 设为 1 天，即 48 个高频交易数据，其结果如图 3.18 所示。可以发现，两个图中的关联性尺度指数具有相同的波动以及走势，即沪深 300 股指现货市场与期货市场的时变关联性是正向的，并非为有效的市场，同时也说明结果具有很好的鲁棒性。

总的来说，沪深 300 股指现货市场与期货市场的关联性呈现出动态的非线性与多重分形特性，表明传统的线性模型（如向量自回归模型）并不能有效地描述与刻画两个市场之间的动态关联性。目前

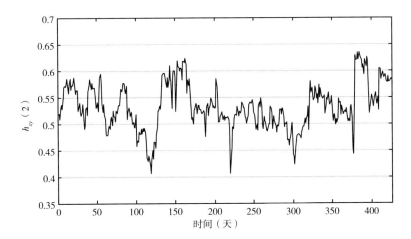

图 3.18　沪深 300 股指现货市场与期货市场的时变关联性尺度指数（1 天）

来讲，中国股票市场并不是一个成熟与有效的市场，容易受到市场外部因素的干预，比如金融危机、政治因素等，因此需要减少外部因素的干预以及规范与改革市场交易机制，提高市场的有效性。

3.2.7　研究结果

本节主要研究了沪深 300 股指现货市场与期货市场之间的关联性。

（1）基于 5 分钟高频数据，通过初始分析发现两个市场的收益率呈现"尖峰厚尾"特性以及"反向三次幂法则"。

（2）采用类似于卢詹克 – 博克斯检验的关联性检验，发现沪深 300 股指现货市场与期货市场显著地存在长程关联性。

（3）基于 MF-XDMA 法定量地研究了两个市场关联性，通过分析降趋势协方差函数 $F_{xy}(q,n)$、广义霍斯特指数 $h_{xy}(q)$、多重分形尺度指数 $\tau_{xy}(q)$、多重分形谱 $f_{xy}(\alpha)$，以及多重分形强度 Δh 与 $\Delta \alpha$，发现其关联性表现出显著的多重分形与非线性特征。

（4）通过滑窗分析法，动态分析了关联性尺度指数 $h_{xy}(2)$ 的演化特征，发现两个市场的关联性呈现长程持久性。

3.3　降趋势最小方差套期保值比率测度研究

3.3.1　研究动机

风险转移是期货市场最重要的功能之一，主要通过套期保值策略来实现。而套期保值理论中最核心的问题是如何设定最优套期保值比率。传统的套期保值策略一般将套期保值比率设为 1，即期货合约与所持现货在数量上是一致的。但由于期货与现货之间的价格波动往往不同步，即存在基差风险，故套期保值比率设为 1 很有可能不是最优的套期保值策略。

因此，如何设定最优的套期保值比率已成为学术界以及业界研究与实践的难点和热点问题，许多学者对此展开了大量的研究，提出了许多不同的目标函数设定最优的套期保值比率，比如最小方差（mini-mum-variance，MV）函数、均值 - 方差函数、期望效用函数、平均扩展的基尼系数。上述 4 例目标函数分别代表最小方差套期保值比率、最优均值 - 方差套期保值比率、最大期望效用套期保值比率、最小平均扩展的基尼系数套期保值比率方法的目标函数（Chen et al. , 2003）。

在众多的套期保值方法中，最小方差套期保值比率方法是最有名且被使用最为广泛的套期保值策略。但是，最小方差套期保值比率及其改进方法存在以下两方面的局限。一方面，只考虑了期货与现货收益率之间的线性关联性，而当期货与现货价格出现较大波动时，两者之间的关联性往往呈现出非线性特性。另一方面，只考虑了单一时间尺度下的套期保值比率的设定，而不能满足不同时间尺度下套期保值比率的设定，即不能满足不同投资者不同投资周期的需求。

针对以上问题，本节在最小方差套期保值比率方法的基础上，引入非线性自相关与互相关度量方法，即 DFA 法与 DCCA 法，提出一种新的套期保值比率设定方法——降趋势最小方差（Detrened MV，D-MV）套期保值比率，以期解决期货与现货收益率非线性关联性问题，并满足投资者不同时间尺度下的投资需求。

本节提出降趋势最小方差套期保值比率方法的研究动机主要有两方面。

（1）大量的市场参与者（如监管者与投资者）在不同时间尺度或者周期下会作出不同的监管与交易决策。在期货市场，套期保值参与者所做出的决策随时间尺度的不同而发生变化。因此，套期保值参与者需要在不同时间尺度下设定不同的套期保值比率，以作出有利于自己的决策。

（2）基于 DFA 法与 DCCA 法，泽本德（Zebende，2011）提出了一种非线性相关性系数法，即 DCCA 系数法，度量不同时间尺度下两个非稳定与非高斯时间序列之间的关联性水平。为了验证该方法的有效性，本节基于模拟数据与真实数据展开相关研究，其中生成的模拟数据服从二元自回归分整移动平均（ARFIMA）过程，而真实数据选自两对具有代表性的现货与期货序列，即标准普尔 500 股指现货与期货、WTI 原油现货与期货。在模拟与实证分析中，本节采用 D-MV 套期保值比率法计算不同时间尺度下模拟与实证数据的套期保值比率，以及相对应的套期保值有效性，同时与经典的 MV 套期保值比率方法进行对比分析。

3.3.2 最小方差与降趋势最小方差套期保值比率测度

3.3.2.1 最小方差套期保值比率方法

本节简单讨论使用最为广泛的最小方差（MV）套期保值比率方法。假定某套期保值者持有 c_s 单位现货多头头寸与 c_f 单位期货空头头寸的套期保值资产组合，设 $p_{s,t}$ 与 $p_{f,t}$ 分别为现货与期货在 t 时刻的价格，那么该套期保值资产组合在 t 时刻的收益率 r_h 定义为（Chen et al.，2003）：

$$r_h = \frac{c_s p_{s,t} r_s - c_f p_{f,t} r_f}{c_s p_{s,t}} = r_s - h r_f \qquad (3.21)$$

其中：h 为套期保值比率，$r_s = \ln p_{s,t} - \ln p_{s,t-1}$ 与 $r_f = \ln p_{f,t} - \ln p_{f,t-1}$ 分别为现货与期货的收益率。套期保值组合的风险一般被定义为收益率的方差（Conlon and Cotter，2012），即对式（3.21）两边同取方差：

$$\text{Var}(r_h) = \text{Var}(r_s) + h^2 \text{Var}(r_f) - 2h \text{Cov}(r_s, r_f) \qquad (3.22)$$

其中：$\text{Var}(r_h)$、$\text{Var}(r_s)$ 与 $\text{Var}(r_f)$ 分别为套期保值组合、现货与期货收益率的方差，$\text{Cov}(r_s, r_f)$ 为现货与期货收益率的协方差。

对期货组合风险取最小值，即对式（3.22）一阶求导并取 0，可得到最小方差套期保值比率：

$$h = \frac{\text{Cov}(r_s, r_f)}{\text{Var}(r_f)} \qquad (3.23)$$

埃得林顿（Ederington，1979）提出了评估套期保值有效性（hedging effectiveness，HE）的度量方法，定义为套期保值者如果按某种套期保值比率方法进行资产的套期保值，比不进行套期保值时

（即只持有现货头寸）收益率风险减少的程度，即：

$$HE = \frac{\mathrm{Var}(r_s) - \mathrm{Var}(r_h)}{\mathrm{Var}(r_s)} = 1 - \frac{\mathrm{Var}(r_h)}{\mathrm{Var}(r_s)} = \rho_{sf}^2 \qquad (3.24)$$

其中：ρ_{sf} 为现货与期货收益率的相关性系数。若 *HE* 越大，则套期保值效果越好。

3.3.2.2　降趋势最小方差套期保值比率方法

基于 DFA 法与 DCCA 法，本节提出一种新的套期保值比率设定方法——D-MV 套期保值比率，定义为现货与期货收益率的降趋势协方差函数与期货收益率的降趋势方差函数的比值，具体的计算步骤如下：

第一步，假定有现货与期货的收益率序列为 $\{r_s(t)\}$ 与 $\{r_f(t)\}$，长度均为 N，且 $t = 1, 2, \cdots, N$。通过求和将收益率序列构造成新的时间序列，即：

$$R_s(k) = \sum_{i=1}^{k} r_s(i), R_f(k) = \sum_{i=1}^{k} r_f(i), k = 1, 2, \cdots, N \quad (3.25)$$

第二步，将两个新构建的序列 $\{R_s(k)\}$ 与 $\{R_f(k)\}$ 分割成 $N - n$ 个重叠的子序列，每个子序列的长度为 $n + 1$，n 即为时间尺度[①]。

第三步，对于 $\{R_s(k)\}$ 与 $\{R_f(k)\}$，给定每个子序列的起点 i 与终点 $i + n$，它们的"局部趋势" $\{\tilde{R}_s^i(k)\}$ 与 $\{\tilde{R}_f^i(k)\}$（$i \leqslant k \leqslant i + n$）可以通过最小二乘法进行 m 阶多项式拟合得到。其中，阶数 $m = 1, 2,$

---

① 另外，本节考虑了 2.3.1 节中所提到的非重叠分割的情形，即将两个新构建的序列 $\{R_s(k)\}$ 与 $\{R_f(k)\}$ 分割成 $\mathrm{int}(N/n)$ 个非重叠的子序列，最后得到的结果基本一致。

3，4 分别代表线性、2 阶（平方）、3 阶（立方）、4 阶多项式。每个子序列的降趋势协方差通过下式可得：

$$\text{Cov}_{sf}(n,i) = \frac{1}{n-1} \sum_{k=i}^{i+n} \left[R_s(k) - \tilde{R}_s^i(k) \right] \left[R_f(k) - \tilde{R}_f^i(k) \right]$$

$$(3.26)$$

在本节中，考虑了多项式阶数 $m = 1，2，3，4$ 四种情况，相应地，本节将 D-MV 套期保值方法简记为 D-MV-m。

第四步，对所有子序列的降趋势协方差求平均，可以得到降趋势协方差函数：

$$\text{Cov}_{sf}(n) = \frac{1}{N-n} \sum_{i=1}^{N-n} \text{Cov}_{sf}(n,i) \qquad (3.27)$$

特别地，当两个收益率相等时，即对 $\forall t$ 均有 $r_s(t) = r_f(t)$，那么降趋势协方差函数退化为降趋势方差函数 $\text{Var}_x(n)(x \in \{s,f\})$，即：

$$\text{Var}_x(n) = \frac{1}{N-n} \sum_{i=1}^{N-n} \text{Var}_x(n,i) \qquad (3.28)$$

其中：$\text{Var}_x(n,i) = \frac{1}{n-1} \sum_{k=i}^{i+n} \left[R_x(k) - \tilde{R}_x^i(k) \right]^2$。

第五步，给定期货收益率的降趋势方差函数 $\text{Var}_f(n)$ 以及现货与期货收益率的降趋势协方差函数 $\text{Cov}_{sf}(n)$，不同时间尺度 n 下的 D-MV 套期保值比率定义为：

$$h(n) = \frac{\text{Cov}_{sf}(n)}{\text{Var}_f(n)} \qquad (3.29)$$

很明显地，D-MV 套期保值比率 $h(n)$ 是关于时间尺度 n 的函数，即 $h(n)$ 的值取决于时间尺度 n。此时，套期保值有效性的度量方法则重新定义为：

$$HE(n) = \rho_{sf}^2(n) \tag{3.30}$$

其中：$\rho_{sf}(n)$ 为 DCCA 系数，可以度量不同时间尺度下两个时间序列非线性的关联性水平。

3.3.3 数据与初始分析

在实证分析中，本节所采用的实证数据包含两对现货与期货市场数据，其中的一对是标准普尔 500 股指现货与期货，另一对是 WTI 原油现货与期货。所选用的两对资产具有高流动性且各自的期货市场具有悠久的交易历史。标准普尔 500 股指数据取自于 1982 年 7 月 1 日至 2013 年 6 月 28 日的日价格序列，一共包含 7812 个日收益率数据，它所对应的期货合约于芝加哥商品交易所交易。关于 WTI 原油，它的期货合约是纽约商品交易所的轻质低硫原油期货合约，包含了 1986 年 1 月 2 日至 2013 年 6 月 28 日的 6893 个日收益率数据。每个期货合约都为连续期货合约序列。所有的数据取自于汤森路透 Eikon 数据库。

表3.6 给出了标准普尔 500 股指与 WTI 原油现货与期货收益率的描述性统计。4 个收益率的均值远小于各自的标准差且接近于 0，即低收益与高风险并存。不管是现货与期货收益率，WTI 原油的标准差大于标准普尔 500 股指，表明原油市场要比股票市场具有更高的波动与风险，这与原油市场的高波动性相符。它们的哈尔克 - 贝拉统计量均在 1% 水平下拒绝样本收益率服从正态分布的原假设。此外，4 个收益率的偏度均不等于 0 且为左偏，峰度也都大于 3，表明 4 个收

益率存在"尖峰厚尾"特性，这与哈尔克－贝拉统计量的结果保持
一致。

表 3.6　标准普尔 500 股指与 WTI 原油现货与期货收益率的描述性统计

统计量	标准普尔 500 股指		WTI 原油	
	现货	期货	现货	期货
均值（$\times 10^{-4}$）	3.4473	3.4283	1.9252	1.9282
最大值	0.1096	0.1775	0.1915	0.1641
最小值	-0.2290	-0.3370	-0.4064	-0.4005
标准差	0.0116	0.0127	0.0256	0.0249
偏度	-1.2138	-2.2443	-0.7643	-0.8017
峰度	30.1128	79.3473	17.6748	17.5213
J-B 值（$\times 10^4$）	24.1194	190.3870	6.2521	6.1301
样本数	7812	7812	6893	6893

在金融市场中，收益率绝对值的累积分布函数（cumulative distri-
bution function，CDF）具有"厚尾"特性是一个既定的事实（Gabaix，
2009），通常采用幂律分布来描述"厚尾"特征，即 $P(x) \propto x^{-\zeta}$，其中
ζ 为尾部指数。图 3.19 给出了标准普尔 500 股指与 WTI 原油现货与期
货收益率绝对值的累积分布函数。

从图 3.19 中可以看出，4 个 CDF 都具有典型的"厚尾"特征，
采用克洛赛城等（Clauset et al.，2009）提出的方法进行尾部的幂律
拟合以及幂指数的估计。该方法首先采用极大似然法进行参数估计，
然后基于柯尔莫哥罗夫－斯米尔诺夫（Kolmogorov-Smirnov）统计量
与似然比进行拟合优度的检验，具体的介绍见 4.2.7 小节。通过该方
法对 CDF 的尾部指数 ζ 与 p 值进行估计，其结果如图 3.19 所示。如
果 p 值不小于 0.1，则可以接受实证数据服从幂律分布的假设。可以
发现，4 个 p 值都不小于 0.1，从而表明 4 个 CDF 的"厚尾"服从幂

律分布，其中标准普尔 500 股指现货数据具有最强的幂律特性。

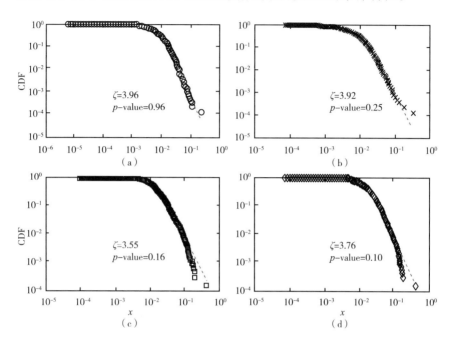

图 3.19　标准普尔股指与 WTI 原油现货与期货的累积分布函数

注：图中虚线为 CDF 尾部的幂律拟合，采用克洛赛城等提出的方法进行尾部指数 ζ 与 p 值的估计（Clauset et al.，2009）。如果 p 值不小于 0.1，则接受实证数据服从幂律分布的假设。（a）标准普尔 500 股指现货；（b）标准普尔 500 股指期货；（c）WTI 原油现货；（d）WTI 原油期货。

3.3.4　二元 ARFIMA 过程的模拟分析

　　本节主要通过生成模拟数据进行 MV 套期保值方法与 D-MV 套期保值方法的模拟与分析。由于金融时间序列存在幂律自相关性与关联性，因此，本节采用二元自回归分整移动平均（ARFIMA）模型生成两个幂律自相关且关联性的时间序列作为模拟数据。二元 ARFIMA

模型可用来解释两个时间序列 $\{x_t\}$ 与 $\{y_t\}$ 之间的幂律关联性，其中每个变量都存在幂律自相关性（Podobnik et al.，2008）。此外，每个时间序列不仅依赖于自身的过去（即"存在记忆性"），而且依赖于另一个时间序列的过去。二元 ARFIMA 模型定义如下：

$$x_t = W \sum_{j=1}^{\infty} a_j(d_1) x_{t-j} + (1-W) \sum_{j=1}^{\infty} a_j(d_2) y_{t-j} + \varepsilon_t \quad (3.31)$$

$$y_t = (1-W) \sum_{j=1}^{\infty} a_j(d_1) x_{t-j} + W \sum_{j=1}^{\infty} a_j(d_2) y_{t-j} + \eta_t \quad (3.32)$$

$$a_j(d_i) = d_i \frac{\Gamma(j-d_i)}{\Gamma(1-d_i)\Gamma(1+j)}, i=1,2 \quad (3.33)$$

其中：ε_t 与 η_t 为两个独立同分布（i. i. d.）且服从标准正态分布的随机变量，$a_j(d_1)$ 与 $a_j(d_2)$ 为权重，$\Gamma(\cdot)$ 为伽玛函数，d_1 与 d_2 的取值范围为 $[0, 0.5]$，$W \in [0.5, 1.0]$，为自由参数，用来控制两个时间序列 $\{x_t\}$ 与 $\{y_t\}$ 之间幂律关联性的强度，随着 W 从 0.5 增加到 1.0，两个时间序列 $\{x_t\}$ 与 $\{y_t\}$ 之间的幂律关联性逐渐减弱。如果 $W=1.0$，二元 ARFIMA 模型则退化为两个独立的 ARFIMA 模型，即两个关联的变量退化为两个独立的 ARFIMA 变量，其中它们的霍斯特指数满足 $H=0.5+d_i(i=1,2)$。

基于 DFA 法与 DCCA 法，计算得到标准普尔 500 股指现货与期货的自相关尺度指数（即霍斯特指数）分别为 0.89 与 0.86，以及它们之间的关联性尺度指数为 0.88，证实了 3.1.4.2 小节中式（3.4）的结论，即关联性尺度指数近似等于平均自相关尺度指数。同时也表明，标准普尔 500 股指现货与期货是幂律自相关与互相关的，此外 WTI 原油股指现货与期货也得到相似的结论。因此，本书采用二元 ARFIMA 模型生成了两个幂律自相关且互相关的时间序列，其中参数

$d_1 = 0.89 - 0.5 = 0.39$，$d_2 = 0.86 - 0.5 = 0.36$，序列长度设为 7812，即与标准普尔 500 股指序列的长度相同。

关于自由参数 W 的设定，考虑了三种情况：$W = 0.5$（表示最大强度的幂律关联性）、$W = 0.8$、$W = 1.0$（表示最小强度的幂律关联性）。基于 MV 套期保值方法与提出的 D-MV 套期保值方法，图 3.20 至图 3.22 给出了这三种情况下套期保值比率与套期保值有效性的结果。

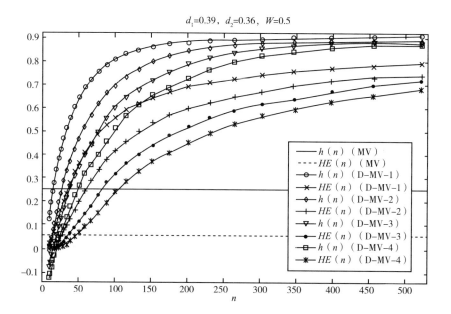

图 3.20　两个二元 ARFIMA 变量的套期保值结果（$d_1 = 0.89$，$d_2 = 0.36$，$W = 0.5$）

从图 3.20（$W = 0.5$）与图 3.21（$W = 0.8$）中可以发现：

（1）对于不同的 D-MV-m 套期保值方法，套期保值比率与有效性随时间尺度的变化而发生改变，且以一定的增长率单调递增，特别是当 $W = 0.5$ 时，它们都分别收敛于一个常量，即随着尺度的增大，套期保值比率与有效性不再发生改变。

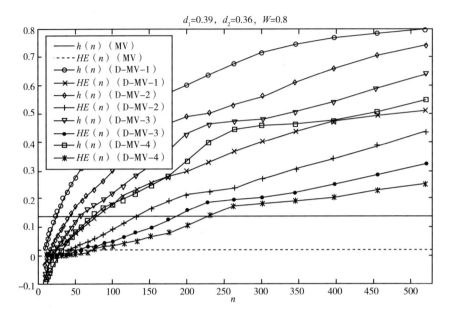

图 3. 21　两个二元 ARFIMA 变量的套期保值结果（$d_1 = 0.89$, $d_2 = 0.36$, $W = 0.8$）

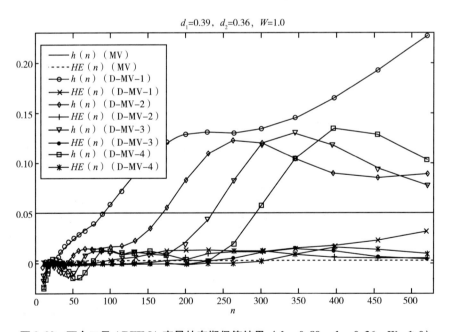

图 3. 22　两个二元 ARFIMA 变量的套期保值结果（$d_1 = 0.89$, $d_2 = 0.36$, $W = 1.0$）

（2）由 D-MV-*m* 套期保值方法，得到套期保值比率与有效性，在大多数时间尺度下，都要大于 MV 套期保值方法得到的结果。从套期保值有效性可以看出，D-MV-*m* 套期保值方法在大多数时间尺度下优于 MV 套期保值方法。

（3）关于不同的 D-MV-*m* 套期保值方法，套期保值比率与有效性随多项式拟合阶数 *m* 的增加而减少。通过比较 4 个 D-MV-*m* 套期保值方法，D-MV-1 套期保值方法具有最好的套期保值性能。

然而，从图 3.22 中可以发现，套期保值比率与有效性不具有任何趋势，除了套期保值有效性的结果接近于 0 以外。导致这一现象的原因是当 $W = 1.0$ 时，两个模拟的时间序列几乎不存在关联性，使得它们之间的线性皮尔森相关系数值与不同时间尺度下的 DCCA 系数值都近似等于 0。事实上，真实的现货与期货时间序列不会出现 $W = 1.0$ 的情况，这是因为期货市场具有价格发现的功能，使得现货与期货市场具有显著的关联性。在下节，本书将考虑现实中现货与期货市场的套期保值结果。

3.3.5　股指与原油数据的实证分析

基于标准普尔 500 股指与 WTI 原油现货与期货数据，本节实证分析了 D-MV 套期保值方法的套期保值比率与有效性，同时也与 MV 套期保值方法进行了对分析。图 3.23 与图 3.24 分别给出了标准普尔 500 股指与 WTI 原油现货与期货的套期保值结果。

对比图 3.20 至图 3.24 中的套期保值比率与有效性，可以发现图 3.23 与图 3.24 和图 3.20（$W = 0.5$）有着众多的相似处，而和图 3.21 与图 3.22 的相似处却很少，从而表明实证现货与期货时间序列

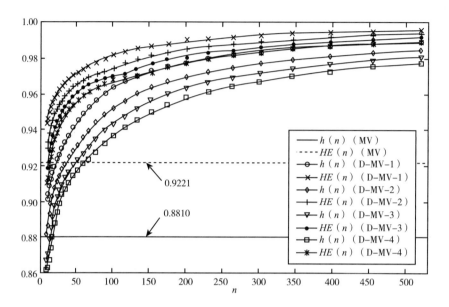

图 3.23 标准普尔 500 股指现货与期货的套期保值结果

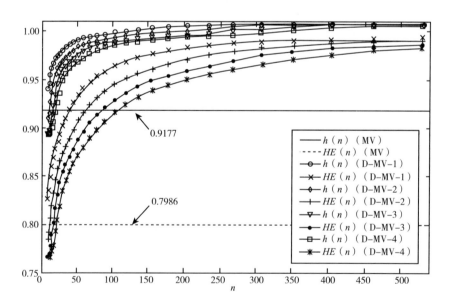

图 3.24 WTI 原油现货与期货的套期保值结果

具有显著的关联性。在此，对实证结果与模拟结果的共同点总结如下：

（1）对于每个 D-MV-*m* 套期保值方法，套期保值比率与有效性在不同时间尺度下具有不同的值，特别是在小的时间尺度下（如 $n <$ 200），且它们以一定的速率单调递增，并收敛于一个常量。

（2）对于大多数尺度，D-MV-*m* 套期保值方法所得的套期保值比率与有效性要大于 MV 套期保值方法所得的结果。此外，图 3.23 与图 3.24 的实证结果显示，在所有的时间尺度下，D-MV-1 套期保值方法的套期保值比率与有效性都要大于 MV 套期保值方法。从套期保值有效性的结果来看，D-MV 套期保值方法在大多数时间尺度下的套期保值性能要优于 MV 套期保值方法。

（3）对于不同的 D-MV-*m* 套期保值方法，套期保值比率与有效性随着多项式拟合阶数 *m* 的增加而减少。此时，D-MV-1 套期保值方法具有最优的套期保值性能，因为它的套期保值有效性在不同时间尺度下都要大于其他三种 D-MV-*m* 套期保值方法。因此，在实际的应用中，可以采用 D-MV-1 套期保值方法来设定最优的套期保值比率。

对实证结果与模拟结果进行比较分析，可以发现一个显著的区别是，对于小的时间尺度（如 *n* 小于 50 或者更小时），基于模拟数据所得的套期保值比率与有效性要远小于实证数据的结果。这一现象表明，尽管模拟数据和实证数据具有许多相似的特征，例如幂律自相关性与互相关性，但是模拟数据并不能完全真实地描述与刻画金融市场的行为，这是因为金融市场是复杂动态的系统，系统内外部因素相互作用，使得复杂金融系统的内外机制难以描述与刻画。因此，复杂金融系统内外部的机制需要更深入地探索与挖掘。

3.3.6 研究结果

本节提出了一种可以在不同时间尺度下设定套期保值比率的新方法——D-MV 套期保值比率方法，即现货与期货收益率的降趋势协方差函数与期货收益率的降趋势方差函数的比值。通过模拟与实证分析，D-MV 套期保值方法所设定的套期保值比率与有效性在不同时间尺度下具有不同的值，从而能满足不同套期保值者不同的套期保值周期需求。

此外，比较两个方法的套期保值有效性，D-MV 套期保值方法的套期保值性能在绝大多数时间尺度下要优于 MV 套期保值方法。另外，D-MV-1 套期保值方法具有最优的套期保值性能，这是因为它的套期保值有效性在不同时间尺度下都要大于其他三种 D-MV-m 套期保值方法以及 MV 套期保值方法。

第4章 基于复杂网络的多个金融市场关联性研究

　　金融市场是一个复杂的动态系统，市场中大量金融个体之间存在复杂的相互作用以及关系，而复杂网络是描述与刻画复杂金融系统交互行为的有力工具，它能对复杂金融系统中多个金融个体以及个体之间的相互作用进行抽象概括与描述，其中网络中的顶点对应金融系统的个体，网络中连接顶点之间的边代表金融个体之间的相互作用与联系。因此，本章主要通过复杂网络理论对多个金融市场关联性的度量方法及其实证展开研究①。具体的研究内容以及章节安排如下：4.1 节基于动态时间弯曲（DTW）方法与最小生成树（MST）法，研究全球外汇网络在金融危机前、中、后三个阶段拓扑演化行为。4.2 节基于 DCCA 系数法与 MST 法，提出了一种多时间尺度关联性网络构建方法，研究全球外汇市场在不同时间尺度下的交互行为。4.3 节基于时变 Copula 方法与 MST 法，提出了一种时变关联性网络

---

　　① 需要指出的是，考虑到数据的可得性以及代表性，本章研究多个金融市场的关联性主要是指全球外汇市场的关联性，而全球外汇市场是由全球众多国家的外汇市场组成。另外，复杂网络理论不局限于研究外汇市场以及多个股票市场之间的关联性，也可以用来研究股票市场内部股票之间的关联性。

构建方法，研究全球外汇市场网络的动态演化特性。

4.1 美国次贷危机背景下的全球外汇市场网络关联性研究

4.1.1 研究动机

肇始于 2007 年的美国次贷危机，不仅重创了全球经济与金融，还对全球货币系统以及外汇市场产生了巨大的冲击与影响。在金融市场研究中，拓扑网络分析方法能提供有效的工具来描述与刻画市场的网络结构和性质。因此，为了研究金融危机对全球外汇市场的影响，大量学者开始通过关联性网络方法来研究世界主要货币之间的关联性以及全球外汇市场网络在危机期间的拓扑演化情况。例如，内勒等（Naylor et al. , 2007）研究 1995~2001 年由 44 个货币组成的外汇市场网络，分别使用美元（USD）与新西兰币（NZD）作为基准货币构建了两个最小生成树（MST）网络，发现东南亚金融危机时期亚洲货币强有力地聚集在一起。张伍硕等（Jang et al. , 2011）研究全球 1990~2008 年各个金融危机（如东南亚金融危机、阿根廷危机、美国次贷危机等）对外汇市场结构的影响。其结果表明，经历东南亚金融危机之后，欧元与美元呈强烈的负相关关系，而分别经历东南亚金融危机和阿根廷危机之后，亚洲货币和拉丁美洲货币分别聚集于以美元为中心的区域。

然而，在以往的研究当中，至少存在以下两方面的局限性。一方面，所构建的外汇市场网络通常都基于皮尔森相关系数，而它只能度量两个时间序列的线性相关性,却不能度量序列之间的非线性相关性。此外,对于现实中非线性且存在异质性的金融时间序列,皮尔森相关系数则显得力不从心,不能准确地度量时间序列的关联性或者相似性。另外,皮尔森相关系数要求时间序列之间必须保持同步,即数据长度必须一致,然而在全球外汇市场中,由于不同的因素(如节假日),一些国家汇率数据可能缺失。另一方面,以往的研究只是简单地选择某个金融危机爆发的事件为时间节点,进行金融危机前与后的分析,而没有考虑金融危机具有一定的持续性,忽略了金融危机中网络特征的研究。

因此,本节旨在解决以上两方面的不足,提出采用动态时间弯曲(DTW)方法度量两个汇率之间的关联性或相似性,并将其与 MST 法相结合来研究美国次贷危机对全球外汇市场网络的影响。在时间序列分析以及信号分析领域,除了将两个时间序列或者信号之间的关系称为关联性之外,还可以将之称为相似性。相应地,所谓相似性测度是描述与刻画样本与样本之间、模式与模式之间,或者某个样本与模式中样本的相似性的一种度量工具。尽管距离与角度是使用较多的相似性度量,但是大多数鲁棒性较好的相似性测度都基于动态规划算法,其中 DTW 方法是众多动态规划相似性测度中最有代表性的度量方法(Papapetrou et al.,2011)。动态时间弯曲方法最早应用于语音识别领域(Myers et al.,1980),并在其他模式识别领域得到了广泛的应用,例如手语识别、签名匹配、计算机图形、数据挖掘、时间序列聚类分析。DTW 法具有两个显著的优点:一是能度量长度不同的时间序列之间的相似性,即可应用于横幅伸缩的情况;二是对振幅变化、偏移、噪声等情况具有很好的鲁棒性。

鉴于此,本节采用 DTW 方法替换皮尔森相关系数来度量外汇市场汇率数据之间的相似性。实证数据取自全球外汇市场 35 个主要货币在 2005 年 6 月至 2011 年 5 月期间的日汇率价格。以美国次贷危机为背景，将整个实证时间段细分为三个小段，即金融危机前、中、后三个时期。通过构建这三个时期的最小生成树以及层次树（Hierarchical tree，HT），研究金融危机对全球外汇市场的冲击与影响。

4.1.2 实证数据

在选取全球外汇市场中主要货币时，本节重点考虑了一国汇率机制是否具有自由浮动性、货币的重要性，以及是否具有区域代表性等特征，因此选取全球外汇市场中 35 个主要货币在 2005 年 6 月至 2011 年 5 月期间的日汇率价格作为实证数据。3.1.2 小节曾着重分析了如何选择合适的基准货币，并指出一般选取小货币或者 SDR 作为基准货币。与内勒等（Naylor et al.，2007）的研究相似，本节选取新西兰元（NZD）这一小货币作为基准货币，即兑换货币。

表 4.1 给出了这 36 个货币及其货币符号，为了表达上的简便，在后文的分析中将采用货币的符号进行描述与分析。根据张伍硕等（2011）的研究以及《华尔街日报》的观点，美国次贷危机大概肇始于 2007 年 6 月，而 2009 年 6 月以后则被认为是后危机时期。因此，以这两个时间点为节点，将整个实证时间段细分为三个子段：第 1 个子段为 2005 年 6 月至 2007 年 5 月，即为美国次贷危机前，记为 Period Ⅰ；第 2 个子段为 2007 年 6 月至 2009 年 5 月，即为美国次贷危机中，记为 Period Ⅱ；第 3 个子段为 2009 年 6 月至 2011 年 5 月，即为美国次贷危机后，记为 Period Ⅲ。

表 4.1   **全球外汇市场 36 个货币及其符号**

货币	符号	货币	符号
阿根廷比索（Argentinian Peso）	ARS	科威特第纳尔（Kuwaiti Dinar）	KWD
澳大利亚元（Australian Dollar）	AUD	马来西亚吉特（Malaysian Ringgit）	MYR
巴西雷亚尔（Brazilian Real）	BRL	墨西哥比索（Mexican Peso）	MXN
加拿大元（Canadian Dollar）	CAD	新西兰元（New Zealand Dollar）	NZD
瑞士法郎（Swiss Franc）	CHF	挪威克朗（Norwegian Krone）	NOK
智利比索（Chilean Pesos）	CLP	巴基斯坦卢比（Pakistani Rupee）	PKR
中国人民币（Chinese Yuan）	CNY	秘鲁新索尔（Peruvian New Sole）	PEN
哥伦比亚比索（Colombian Peso）	COP	菲律宾比索（Philippines Peso）	PHP
捷克克朗（Czech Koruna）	CZK	波兰兹罗提（Polish Zloty）	PLN
埃及镑（Egyptian Pound）	EGP	俄罗斯卢布（Russian Ruble）	RUB
欧元（Euro）	EUR	沙特里亚尔（Saudi Arabian Riyal）	SAR
英镑（British Pound）	GBP	瑞典克朗（Swedish Krona）	SEK
匈牙利福林（Hungarian Forint）	HUF	新加坡元（Singapore Dollar）	SGD
印度尼西亚卢比（Indonesian Rupiah）	IDR	泰国铢（Thai Baht）	THB
以色列新克尔（Israeli New Shekel）	ILS	土耳其新里拉（Turkish New Lira）	TRY
印度卢比（Indian Rupee）	INR	中国台湾新台币（Taiwan Dollar）	TWD
日元（Japanese Yen）	JPY	美元（US Dollar）	USD
韩元（South Korean Won）	KRW	南非兰特（South African Rand）	ZAR

注：NZD 为基准货币。

表 4.2 给出了 35 个货币在各个子时期内的数据长度。所有的汇率数据来源于太平洋汇率服务网站（http：//fx. sauder. ubc. ca/data. html）。对每个子段，货币 i 在 t 时刻的汇率收益率 $R_i(t)$ 定义为价格序列的对数差分，为了去除各个汇率数据在各个子段波动的不一致，对收益率进行了归一化处理。

表 4.2　　　　　　　　　**35 个货币在 3 个子时期内的数据长度**

货币	Period Ⅰ	Period Ⅱ	Period Ⅲ
EGP	498	498	499
KWD	498	500	502
PHP	501	500	502
SAR	498	500	502
其他	502	501	502

4.1.3　基于动态时间弯曲法的关联性网络构建方法

为了克服皮尔森相关系数要求时间序列保持同步的限制，本节采用 DTW 法来度量汇率数据之间的相似性或关联性，下面简单介绍这个方法。假定两个货币的归一化对数收益率为 $R_i = \{R_i(1), R_i(2), \cdots, R_i(m), \cdots, R_i(M)\}$ 与 $R_j = \{R_j(1), R_j(2), \cdots, R_j(n), \cdots, R_j(N)\}$，即两个收益率序列的长度分别为 M 与 N。然后定义一个 $M \times N$ 的距离相异矩阵 $\mathbf{C}_{ij}$，即：

$$\mathbf{C}_{ij} = \begin{bmatrix} d(R_i(1), R_j(1)) & d(R_i(1), R_j(2)) & \cdots & d(R_i(1), R_j(N)) \\ d(R_i(2), R_j(1)) & d(R_i(2), R_j(2)) & \cdots & d(R_i(2), R_j(N)) \\ \vdots & \vdots & \ddots & \vdots \\ d(R_i(M), R_j(1)) & d(R_i(M), R_j(2)) & \cdots & d(R_i(M), R_j(N)) \end{bmatrix}$$

$$(4.1)$$

其中：矩阵 $\mathbf{C}_{ij}$ 中元素定义为两个不同收益率序列中数据元素间的欧式距离的平方，即 $d(R_i(m), R_j(n)) = (R_i(m) - R_j(n))^2$。

如图 4.1 所示，将两个收益率序列分别置于二维坐标的两轴，弯曲路径的定义为距离相异矩阵 $\mathbf{C}_{ij}$ 中一组连续的矩阵元素的集合 $p =$

$\{p_1, p_2, \cdots, p_k, \cdots, p_K\}$，其中 $p_k = (m_k, n_k) \in [1, M] \times [1, N]$，$k \in [1, K]$，并且满足以下条件（Müller，2007）：

（1）有界性：$\max(M, N) \leqslant K \leqslant M + N - 1$。

（2）边界条件：$p_1 = (1, 1)$ 与 $p_K = (M, N)$，即弯曲路径的起始点与结束点为距离相异矩阵的斜对角元素。

（3）连续性：假定弯曲路径上两个相邻元素 $p_{k+1} = (m, n)$ 与 $p_k = (m', n')$，则必须有 $m - m' \leqslant 1$ 与 $n - n' \leqslant 0$，即弯曲路径的相邻元素在距离相异矩阵中也是相邻的。

（4）步长条件：假定弯曲路径上两个相邻元素 $p_{k+1} = (m, n)$ 与 $p_k = (m', n')$，则必须有 $m - m' \leqslant 1$ 与 $n - n' \geqslant 0$，其中至少有一个等于 1，即对于任意 $k \in [1, K-1]$ 有 $p_{k+1} - p_k \in \{(1, 0), (0, 1), (1, 1)\}$。也就是说，如果弯曲路径通过点（$m$，$n$），则它必须至少通过（$m - 1$，$n$），（$m - 1$，$n$）与（$m - 1$，$n - 1$）中的一点。

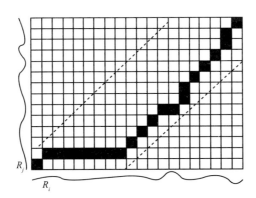

图 4.1　动态时间弯曲方法的最短路径

序列 R_i 与 R_j 的弯曲路径 p 的弯曲成本定义为：

$$c_{ij}^{p} = \sum_{k=1}^{K} C_{ij}(m_k, n_k) \tag{4.2}$$

其中：$C_{ij}(m_k, n_k)$ 为距离相异矩阵 C_{ij} 的第 m_k 行与第 n_k 列的元素。

弯曲路径存在指数级条，而相似性度量 D_{ij} 则定义为最短的那条路径的长度，即式（4.2）中弯曲成本最小的那条路径 p^*，即：

$$D_{ij} = \frac{1}{K} c_{ij}^{p^*} \qquad (4.3)$$

其中：$p^* = \{p_1^*, p_2^*, \cdots, p_k^*, \cdots, p_K^*\} = \mathrm{argmin}\{c_{ij}^p, p \in P^{M \times N}\}$，$P_{M \times N}$ 为所有可能的弯曲路径，$1/K$ 表示对不同路径长度进行归一化处理。

如果货币 i 与 j 完全相似，则有 $D_{ij} = 0$，而如果两个货币完全不相似，则有 $D_{ij} = 1$，因此 $0 \leqslant D_{ij} \leqslant 1$。图 4.1 中黑色路径即为 DTW 法的最短路径，具有最小的弯曲成本。

通过计算任意两个货币之间的相似度 D_{ij} 可以得到相似性矩阵（即关联性矩阵）**D**，然后通过 MST 法将相似矩阵转换成全球外汇市场网络。根据图论的理论，MST 法是通过 $N-1$ 条边连接 N 个节点而形成的树结构，树中所有边的权重总和为最小且不构成回路。也就是说，在所有货币关系中，即 $N(N-1)/2$ 条边，MST 法选择关联性最强（即距离最小）的 $N-1$ 条边相连而组成外汇市场网络，因此 MST 法具有很好的鲁棒性，成为众多学者青睐以及偏爱的网络分析工具。MST 法中边的距离测度须满足欧几里得（Euclid）几何公理的三条定理：一是非负性，$d_{ij} \geqslant 0$，当且仅当 $i = j$ 时，$d_{ij} = 0$；二是对称性，$d_{ij} = d_{ji}$；三是三角不等式，$d_{ij} \leqslant d_{ik} + d_{kj}$，其中 d_{ij} 为任意两个货币 i 与 j 之间的距离。

理论上，相似度 D_{ij} 并不完全满足欧几里得几何公理中第三条定理，即三角不等式。但是，卡萨库贝塔等（Casacuberta et al., 1987）在含 800 条语音的数据库上基于 DTW 法展开了语音识别的研究。结果发现，在1500万个三角关系检验中，D_{ij}并不违反三角不等式的关系，从而表明，在统计意义上D_{ij}满足欧几里得几何公理的第三条定理。鉴于此，下面将对本节所研究的汇率数据进行三角不等式的检验，如果对于给定的三元组(i, j, k)满足三角不等式，即$D_{ik} + D_{kj} \geqslant D_{ij}$，相应地有：

$$H_{ikj} = D_{ik} + D_{kj} - D_{ij} \geqslant 0 \tag{4.4}$$

在每个子时期，35个货币一共包含$C_{35}^3 \times 3 = 19635$个三元组测试。图4.2给出了测试假设$H_{ikj}$的频率图。可以发现，所有的测试假设$H_{ikj} \geqslant 0$，从而表明在本节所研究的外汇数据的检验中，$D_{ij}$并没有违反三角不等式，即满足欧式几何公理的第三条定理。因此，可以采用相似性测度D_{ij}来构建全球外汇市场的MST网络。具体地，基于$N \times N$的相似性矩阵$\mathbf{D}$，本节采用克鲁斯卡尔算法来构建含N个货币的MST网络。

为了研究全球外汇网络的拓扑结构及其演化，下面将讨论几种常用的拓扑度量指标。

（1）对于给定$N \times N$的相似性矩阵$\mathbf{D}$，所有货币之间的平均相似度（*MSM*）定义如下：

$$MSM = \frac{2}{N(N-1)} \sum_{i=1}^{N-1} \sum_{j=i+1}^{N} D_{ij} \tag{4.5}$$

（2）归一化树长（*NTL*）为MST网络的平均相似度，即：

$$NTL = \frac{1}{N-1} \sum_{D_{ij} \in \Theta} D_{ij} \tag{4.6}$$

其中：Θ为MST所有边的集合，$N-1$表示MST中所有的边数。

（3）特征路径长度（*CPL*）可以度量网络结构的密集程度，为网络中两个顶点的平均最小路由个数，即：

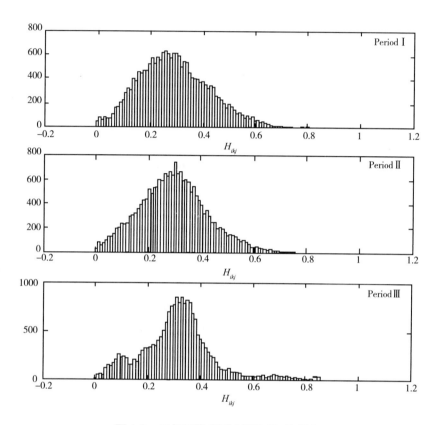

图4.2 三角不等式测试假设 H_{ikj} 的频率

$$CPL = \frac{1}{N(N-1)} \sum_{i,j:i \neq j} l_{ij} \qquad (4.7)$$

其中：l_{ij} 为顶点或货币 i 与 j 之间的最短路径的边数。

（4）平均占有层（MOL）用于分析 MST 网络密度的变化情况，对于给定的中心顶点 v_c，MOL 定义为：

$$MOL(v_c) = \frac{1}{N} \sum_{i=1}^{N} lev(v_i) \qquad (4.8)$$

其中：$lev(v_i)$ 表示顶点 v_i 与中心顶点 v_c 所在层数的差，中心顶点 v_c

自身的层数设为 0。一般地，中心顶点取网络中度数最大的节点，而度数是指顶点所具有的边的数目。

（5）非叶子节点数（*NLN*）用来度量 MST 网络的松散程度。叶子节点是指树中没有子节点的节点，即度数为 0 的节点，而非叶子节点则为树中度数大于 0 的节点。

4.1.4　初始分析

基于滑窗分析法，图 4.3 给出了全球外汇市场 35 个主要货币在 2005 年 6 月至 2011 年 5 月期间时变的平均相似度，其中窗长 *L* 设为 250 个交易日（约为一个日历年），步长 ΔL 设为一个交易日。

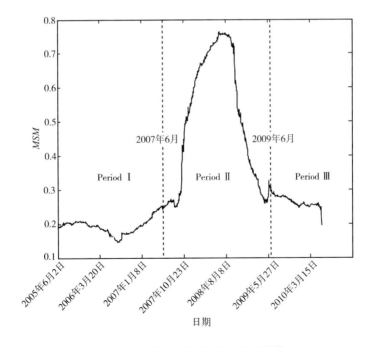

图 4.3　全球外汇市场平均相似度演化

从图4.3可以发现，在Period Ⅰ和Period Ⅲ两个时期，平均相似度MSM要小于0.3，而在Period Ⅱ时期，即处于美国次贷危机时期，平均相似度上下波动剧烈，并达到一个峰值，从而证实了美国次贷危机可能起始于2007年6月，以及将整个分析段细分为3个子段是合理的。

4.1.5 最小生成树分析

通过构建带权重边（即为D_{ij}值）的最小生成树，可以研究全球外汇市场网络的拓扑演化。图4.4至图4.6分别给出了美国次贷危机前、中、后3个时期的MST网络。

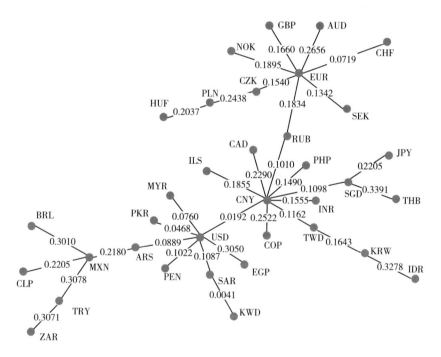

图4.4 美国次贷危机前（Period Ⅰ）全球外汇市场的带权最小生成树网络

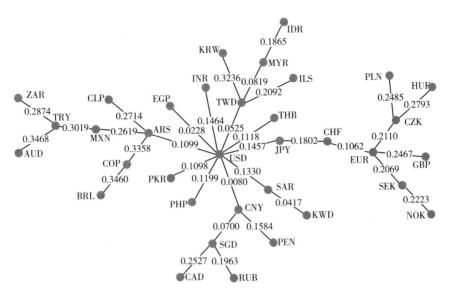

图 4.5　美国次贷危机中（Period Ⅱ）全球外汇市场的带权最小生成树网络

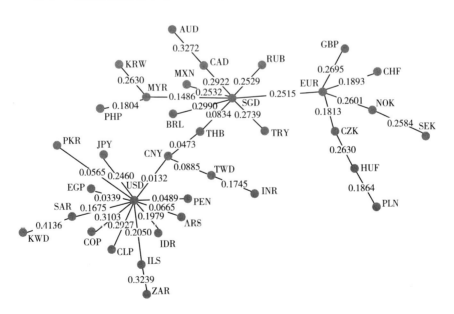

图 4.6　美国次贷危机后（Period Ⅲ）全球外汇市场的带权最小生成树网络

在美国次贷危机之前，如图 4.4 所示，美元、欧元与人民币为外汇网络的中心节点，并形成一定的货币聚集效应，其中最强大的聚类，即全球聚类以美元为中心、欧洲聚类以欧元为中心、亚洲聚类以人民币为中心。欧洲聚类与亚洲聚类通过俄罗斯卢布相连接，这是因为欧洲与亚洲（特别是中国）是俄罗斯重要的贸易伙伴，并依赖于俄罗斯的能源。可以发现，人民币跟美元有着紧密的连接，因为它们之间边的权重（即相似度）为 0.0192，接近于 0，这说明人民币成为网络的聚类中心可能归因于美元的影响。另外，阿根廷比索、墨西哥比索、巴西雷亚尔、哥伦比亚比索组成了以墨西哥比索为中心的南美洲聚类。此外，土耳其新里拉处于网络的边缘，并以很大的权重与墨西哥比索相连，说明土耳其新里拉与其他货币不相关。同时，也表明土耳其新里拉是一种小货币，证实了克斯金等的结论（Keskin et al.，2011）。

在美国次贷危机时期，如图 4.5 所示，MST 网络中存在两个最大的聚类，分别是以美元为中心的全球聚类和以欧元为中心的欧洲聚类。危机之前的亚洲聚类则消失了，亚洲货币直接或者间接地转向与美元相连，使得美元在网络中的位置变得更加中心，表明美元在全球外汇市场中占据了重要的地位，其他货币无法与之抗衡。同时也表明美国次贷危机对外汇市场产生了大的冲击以及影响，外汇市场网络拓扑结构随之发生了大的变化。另外，欧洲聚类与全球聚类通过日元相连，从图 4.5 中还可以发现在次贷危机中世界的几个重要货币，即美元、欧元、英镑、日元紧密地联系在一起。与危机前相比，除了部分欧洲货币的网络位置发生变化之外，欧洲聚类在危机中相对稳定，没有大的变化。此外，值得注意的是人民币与美元之间的相似度为 0.008，远小于危机之前，可能的原因是在美国次贷危机期间，人民币再次盯住了美元。

在美国次贷危机之后，如图 4.6 所示，全球外汇市场网络发生了显著的变化，世界货币系统得以重构。但是，欧洲聚类依然保持相对稳定，变化很小。有趣的是，新加坡元成为新的网络中心节点，并形成聚集效应，该聚类包含了部分亚洲货币以及其他区域的货币，例如俄罗斯卢布、土耳其新里拉、墨西哥比索、巴西雷亚尔、加拿大元。在美国次贷危机时期，美元占据了 MST 网络的最中心位置，其他货币直接或者间接与之相邻，然后在危机之后，美元成为 MST 网络三个中心之一，不再占据最中心的位置。

此时，图 4.4 与图 4.5 中的南美洲聚类不再聚集，其货币要么与美元相连，要么与新加坡元相连。此外，两个重构之后的聚类通过人民币与泰铢相连，表明亚洲货币起到了很重要的桥梁作用。

4.1.6　层次树分析

在 MST 网络分析之后，本节给出了全球外汇市场在 3 个时期的层次树（HT）分析结果，以进一步研究货币的聚类。基于相似矩阵 **D**，如图 4.7 的（a）至（c）分别给出了美国次贷危机前、中、后（Period Ⅰ、Ⅱ、Ⅲ）3 个时期的层次树。

除了图 4.7（a）中，即次贷危机之前，科威特第纳尔与沙特里亚尔聚类具有最小距离之外，在图 4.7（b）和（c）中，即在次贷危机之中与之后，美元与人民币是距离最小的聚类。此外，科威特第纳尔与沙特里亚尔在次贷危机中也形成了聚类，导致两个货币形成聚类的原因可能是两个国家都是重要的石油输出国，在一定程度具有相同的汇率机制。在图 4.7（a）与（c）中，即危机之前与之后，欧

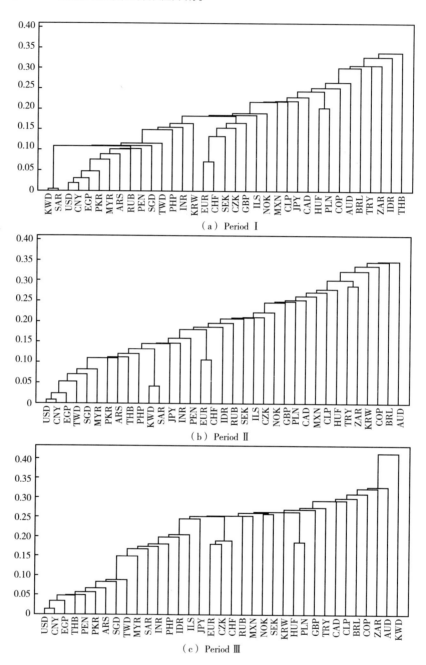

图4.7 美国次贷危机前、中、后（Period Ⅰ、Ⅱ、Ⅲ）全球外汇市场的层次树

元与瑞士法郎形成聚类，而在危机之后，如图 4.7（b）所示，欧元却与捷克克朗聚集在一起。此外，在危机之前与之后，匈牙利福林与波兰兹罗提形成聚类。在危机之中，可以发现土耳其新里拉与南非兰特组成聚类，这在 MST 网络中也可以发现这两个货币连接在一起。总的来说，可以在图 4.4 至图 4.6 最小生成树中发现图 4.7（a）至（c）层次树中所形成的聚类，这是因为 HT 所含有的信息要少于 MST 网络。

4.1.7　数值分析

表 4.3 给出了美国次贷危机前、中、后 3 个时期的 MST 拓扑指标的数值。具体地，给出了 *MSM*、*NTL*、*CPL*、*MOL*、*NLN* 在 3 个时期的结果，以分析全球外汇市场网络的拓扑演化。在计算平均占有层，中心节点 v_c 取美元所在节点。

表 4.3　　　　　　　　　　MST 拓扑指标的数值结果

拓扑指标	Period Ⅰ	Period Ⅱ	Period Ⅲ
平均相似度（*MSM*）	0.2922	0.2486	0.3120
归一化树长（*NTL*）	0.1703	0.1862	0.2035
特征路径长度（*CPL*）	2.0151	2.1168	2.0647
平均占有层（*MOL*）	2.6000	2.4857	2.8571
非叶子节点数（*NLN*）	13	15	13

从表 4.3 中可以发现，*MSM* 与 *NTL* 在经历次贷危机之后都显著地增大了。此外，*CPL* 在次贷危机中要大于危机之前与危机之后，表明 *MST* 网络在危机时期变得相对松散，通过观测 *NLN* 也可以得到相似的结论。恩内拉等（Onnela et al.，2003）曾指出，*MOL* 的值越

大，则表明市场或者网络结构越好。表4.3中 *MOL* 在次贷危机时要小于危机之前与危机之后，说明全球外汇网络结构在危机时要差于危机之前与危机之后。

表4.4给出了这5个拓扑指标的比值，其中比值 R_{uv} 的定义如下：

$$R_{uv} = \frac{L_u - L_v}{L_v} \times 100\% \qquad (4.9)$$

其中：L_u 与 L_v 分别表示在时期 u 与 v 时的拓扑指标值。总的来看，如表4.4所示，除了 *NLN* 之外，其他所有拓扑指标值在经历美国次贷危机之后都显著增加，即比值 R_{31} 都显著大于0，故表明次贷危机对全球外汇网络具有巨大的影响与冲击。从 *MOL* 的比值来看，$R_{31} = 9.89$，即次贷危机之后 *MOL* 值大于次贷危机之前，说明经历美国次贷危机的洗礼之后，全球外汇网络变得更加稳健。

表4.4	MST 拓扑指标的数值比值		单位：%
拓扑指标	R_{12}	R_{32}	R_{31}
平均相似度（*MSM*）	14.92	25.50	6.78
归一化树长（*NTL*）	9.34	9.29	19.50
特征路径长度（*CPL*）	5.05	−2.46	2.46
平均占有层（*MOL*）	−4.40	14.94	9.89
非叶子节点数（*NLN*）	15.38	−13.33	0.00

4.1.8 研究结果

本节基于 DTW 方法研究了全球外汇市场汇率数据之间的相似性（关联性），然后采用 MST 法研究了全球外汇市场网络在美国次贷危机前、中、后3个时期的拓扑特征，最后通过 HT 法研究了全球外汇市场在3个子时期的聚集效应。结果发现,MST网络中许多货币在地理区域上具有很好的聚集效应,并形成相应的聚类,例如以欧元为中心的聚类等。同时,也证实了美元与欧元是世界主导性货币。亚洲聚类不够稳定,特别是美国次贷危机期间,亚洲聚类不复存在,而以欧元为中心的欧洲聚类则表现出很好稳健性,在 MST 网络中占据了显著的位置,从而表明欧元已经成为一种区域性且具有影响力的货币,亚洲地区则需要一种像欧元那样稳定且具有代表性的区域性货币。此外,经历次贷危机侵袭之后,全球外汇市场网络相对于危机前变得相对稳健。

美国次贷危机之后,新加坡元成为全球外汇市场网络的中心货币之一,导致这一现象可能的原因是:

(1)新加坡实行有管理的浮动汇率机制,有利于经济的持续增长与稳定,该汇率机制曾经使得新加坡免遭亚洲金融危机的侵袭。另外,新加坡金融管理局监测贸易加权汇率的走势,以应对全球经济的动态变化,包括干预汇率的短期波动以及汇率的长期均衡。

(2)新加坡在世界上具有强大的银行系统,它是继伦敦、纽约、东京之后第四大外汇交易中心,同时是亚洲首选的资产管理中心,包含了200多家全球资产管理公司。在金融危机时期,新加坡是亚洲国家中唯一一个被世界三大信用评估机构(即惠普国际、标准普尔、穆迪)同时评为3A级的国家。

(3)新加坡具有世界级的港口物流中心,拥有世界最繁忙的港口。此外,新加坡的经济依赖于信息技术产品、消费电子、生物制药等高新技术的出口,拥有世界第9大外汇储备。因此,新加坡的相关经验值得中国借鉴与学习,例如有管理的浮动汇率机制、资产管理公司、外汇储备等。

4.2 不同时间尺度下的全球外汇市场网络关联性研究

4.2.1 研究动机

金融市场包含大量的交互个体，是复杂社会系统的组成部分与产物。金融个体之间的交互行为是金融市场最重要与复杂的特征之一。为了描述与刻画不同金融个体之间的交互行为与关联性，学者们提出了许多度量方法，例如（多重分形）降趋势关联性分析法（Podobnik and Stanley，2008；Zhou，2008）、关联性网络分析方法（Mantegna，1999）、随机矩阵理论（Plerou et al.，1999；Laloux et al.，1999）等。其中，关联性网络分析方法，例如最小生成树法、平面最大限度滤波图法、阈值法等，广泛应用于多个金融市场的关联性研究。然而，以往众多的关联性网络研究都局限于单一的时间尺度，忽略了不同时间尺度下网络拓扑结构与统计性质的不同与多样性。事实上，大量的市场参与者（如投资者与对冲者）在不同时间尺度下做出不同的决策行为，如不同的投资与对冲周期等，即金融个体的关联性随时间尺度而发生改变。

因此，本节提出一种新的多尺度关联性网络构建方法，以研究不同时间尺度下金融网络的关联性。本节结合分形分析理论的 DCCA 系数法与复杂网络理论的 MST 法，构建了不同时间尺度下的全球外汇市场网络。对应的研究动机是：

一方面，以往关联性网络的构建大多数基于皮尔森线性相关系数，而现实中的金融时间序列及其关联性是非线性、非平稳且存在着异质性，因而采用皮尔森线性相关系数不能准确地度量金融变量之间的关联性。

另一方面，本书 3.1 节采用分形分析理论的 DCCA 法以及 DC-CA 系数法研究了人民币汇率之间的关联性，发现汇率之间的关联性呈现幂律特性，且不同时间尺度下具有不同的相关性系数。另外，到目前为止，没有相关的文献在多时间尺度下研究全球外汇市场网络的关联性及其统计性质。在实证分析中，本节选取了全球外汇市场 44 个主要货币在 2007 ~ 2012 年的汇率序列作为实证数据，并采用 SDR 作为基准货币；通过 DCCA 系数法构建了 44 个货币在不同时间尺度下的实证关联性矩阵；使用 MST 法将不同时间尺度下的实证关联性矩阵转换为全球外汇市场网络；分析了不同时间尺度下全球外汇市场网络的拓扑与统计性质，具体包括 MST 网络的分析、拓扑特征的统计分析、无标度分析、单步存活比率的分析等。

4.2.2　实证数据

为了尽可能地选取具有代表性且在全球经济中具有重要作用的货币，本节选取了全球外汇市场 44 个主要货币在 2007 年 1 月 2 日至 2012 年 12 月 31 日期间的汇率日价格序列作为实证数据。本书 3.1.2 小节着重分析了如何选择合适的基准货币，并指出一般选取小货币或者特别提款权（SDR）作为基准货币。与 3.1.2 小节及张伍硕等（2011）的研究相似，本节选取 SDR 作为基准货币，即兑换货币。表 4.5 给出了这 44 个货币及其货币符号。

表 4.5   **全球外汇市场 44 个货币及其符号**

大陆	货币	符号	大陆	货币	符号
非洲	埃及镑	EGP	欧洲	罗马尼亚列伊	RON
	南非兰特	ZAR		俄罗斯卢布	RUB
亚洲	中国人民币	CNY		瑞典克朗	SEK
	印度卢比	INR		瑞士法郎	CHF
	印度尼西亚卢比	IDR		土耳其新里拉	TRY
	日元	JPY	拉丁美洲	阿根廷比索	ARS
	马来西亚吉特	MYR		巴西雷亚尔	BRL
	巴基斯坦卢比	PKR		智利比索	CLP
	菲律宾比索	PHP		哥伦比亚比索	COP
	新加坡元	SGD		巴拿马巴波亚	PAB
	韩元	KRW		秘鲁新比索	PEN
	斯里兰卡卢比	LKR		墨西哥比索	MXN
	中国台湾新台币	TWD		委内瑞拉玻利瓦尔	VEF
	泰铢	THB	中东地区	以色列新克尔	ILS
	越南盾	VND		约旦第纳尔	JOD
欧洲	英镑	GBP		科威特第纳尔	KWD
	捷克克朗	CZK		沙特里亚尔	SAR
	欧元	EUR		阿联酋迪拉姆	AED
	匈牙利福林	HUF	北美洲	加拿大元	CAD
	冰岛克朗	ISK		美元	USD
	挪威克朗	NOK	大洋洲	澳大利亚元	AUD
	波兰兹罗提	PLN		新西兰元	NZD

此外，为了方便货币在区域上的对比与分析，对这 44 个货币按照 7 个大陆（区域）进行了分类，即非洲、亚洲、欧洲、拉丁美洲、中东地区、北美洲和大洋洲。本节中所有的汇率数据来自太平洋汇率服务网站（http：//fx. sauder. ubc. ca/data. html）。记 $P_i(t)$ 为货币 i 在第 t 天的日汇率价格，货币 i 在第 t 天的对数收益率 $r_i(t)$ 定义为：

$$r_i(t) = \ln P_i(t) - \ln P_i(t-1) \qquad (4.10)$$

其中：每个货币的收益率包含 1505 个观测值。

4.2.3 基于多尺度关联性系数法的关联性网络构建方法

本节将分形分析理论中的 DCCA 系数法与复杂网络理论中的 MST 法相结合，提出多尺度网络构建方法，以研究不同时间尺度下全球外汇市场网络的拓扑与统计性质。

具体的构建思路是：首先，通过 DCCA 系数法计算任意两个货币 i 与 j 之间在不同时间尺度下的互相关系数 $\rho_{ij}(s)$，其中 s 为时间尺度；其次，得到不同时间尺度下 $N \times N$ 的关联性矩阵 $\mathbf{C}^s$，其中 N 为货币或子市场个数；再其次，将不同时间尺度下的关联性矩阵 $\mathbf{C}^s$ 转换为距离矩阵 $\mathbf{D}^s$，其中矩阵中元素的定义为 $d_{ij}^s = \sqrt{2(1-\rho_{ij}(s))}$，且满足 $0 \leqslant d_{ij}^s \leqslant 2$；最后，采用克鲁斯卡尔算法将不同时间尺度下的距离矩阵 $\mathbf{D}^s$ 转换成 MST 网络，从而得到多时间尺度的全球外汇市场网络。另外，关于 DCCA 系数法的详细介绍可见本书 2.3.1.3 小节，MST 法可见 2.3.2.1 小节。

与 4.1 节的研究相似，本节引入拓扑指标来度量网络的演化与统计性质。与前面不同的是，由于网络在不同时间尺度具有不同的拓扑结构。相应地，不同时间尺度下拓扑特征的定义为：

（1）NTL 为不同时间尺度下 MST 网络的平均距离：

$$NTL(s) = \frac{1}{N-1} \sum_{d_{ij}^s \in \Theta} d_{ij}^s \qquad (4.11)$$

其中：Θ 为在时间尺度 s 下 MST 网络所有边的集合，$N-1$ 表示 MST

中所有的边数。

（2）APL 可以度量不同时间尺度下 MST 网络的密集程度，为任意两个顶点（货币）i 与 j 的平均路由个数，即：

$$APL(s) = \frac{2}{N(N-1)} \sum_{i>j} l_{ij}^s \qquad (4.12)$$

其中：l_{ij}^s 为时间尺度 s 下 MST 网络中顶点（货币）i 与 j 之间的最短路径的边数。

（3）最大度数 $k_{max}(s)$，定义为时间尺度 s 下 MST 网络最中心顶点的度数，其中最中心顶点是指拥有最大的边数连接的顶点。$k_{max}(s)$ 越大，则表明该中心顶点对其他顶点的影响力越大。

（4）MOL 用来分析 MST 网络密度的变化情况，在时间尺度 s 下，对于给定的中心顶点 v_c，MOL 定义为（Onnela et al.，2003）：

$$MOL(v_c, s) = \frac{1}{N} \sum_{i=1}^{N} lev^s(v_i) \qquad (4.13)$$

其中：$lev^s(v_i)$ 表示在时间尺度 s 下顶点 v_i 与中心顶点 v_c 所在层数的差，中心顶点 v_c 自身的层数设为 0。

4.2.4 关联性系数的统计分析

图 4.8 给出了不同时间尺度下全球外汇市场关联性系数 $\{\rho_{ij}; i \neq j\}$ 的概率密度分布 $P(\rho_{ij})$。同时，图 4.9 给出了关联性系数 $\{\rho_{ij}; i \neq j\}$ 在不同时间尺度下的描述性统计量，即均值、标准差、偏度、峰度。

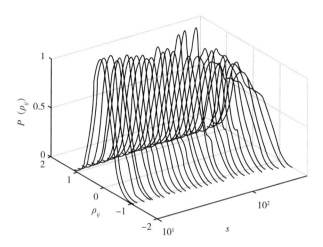

图 4.8 不同时间尺度下全球外汇市场关联性系数的概率密度分布 $P(\rho_{ij})$

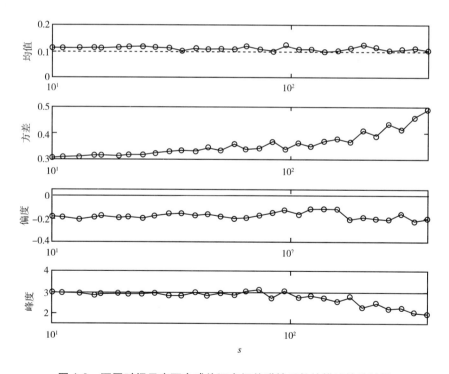

图 4.9 不同时间尺度下全球外汇市场关联性系数的描述性统计量

从图 4.8 和图 4.9 可以发现，在不同时间尺度下，$P(\rho_{ij})$ 是以正数为中心的非对称分布，具体地，均值要大于 0.1，说明全球外汇市场之间的正相关性要比负相关性更为普遍或者显著。从图 4.9 可以看出，标准差随时间尺度的增加而增加，表明全球外汇市场网络的关联性随时间尺度的增加而变得不稳定。

此外，偏度接近于 −0.2 而小于 0，即 $P(\rho_{ij})$ 在不同时间尺度下是左偏的。在时间尺度 $s < 100$ 时，$P(\rho_{ij})$ 的峰度接近 3，满足正态分布的标准，但是当时间尺度 $s > 100$ 时，峰度值偏离于 3 并随着时间尺度的增加而减小。基于对关联性系数 $\{\rho_{ij}; i \neq j\}$ 的偏度与峰度的统计分析，可以得到的结论是全球外汇市场关联性系数的分布是"尖峰厚尾"的，特别是在大的时间尺度下。

4.2.5 最小生成树分析

考虑到众多的时间尺度以及空间的有限性，在此仅给出 3 个特殊时间尺度下的全球外汇市场的 MST 分析，在下个小节将对所有时间尺度下的 MST 网络展开相应的拓扑与统计分析。假定时间尺度满足 $s_i \in s \subseteq [10, L/4]$，其中 $i = 1, 2, \cdots, 30$，即将时间尺度分为 30 份，选取其中的 3 个尺度，分别为 $s_1 = 10$（最小尺度）、$s_{15} = 58$（中间尺度）、$s_{30} = 376$（最大尺度），构建了这 3 个时间尺度下全球外汇市场在 2007~2012 年的 MST 网络。

当时间尺度 $s_1 = 10$ 时，在图 4.10 中可以发现两个相对最强的聚类：一个是以美元为中心的全球聚类；另一个是以欧元为中心的欧洲聚类。全球聚类由来自亚洲、拉丁美洲、非洲、中东地区的货币组成，而关于欧洲聚类，除了土耳其新里拉以及英镑之外，它涵盖了其他所

有的欧洲货币，具有典型的区域以及地理聚集特性。土耳其新里拉远
离欧洲聚类的可能原因：一方面，土耳其在地理位置上的边缘性，它
是横跨欧亚两洲的国家，处于欧亚两洲的边缘，并不属于真正意义上
的欧洲国家；另一方面，克斯金等（Keskin et al. ，2011）指出 TRY 为
小货币，一般处于网络的边缘。而对于英镑，它与来自大洋洲的澳大利
亚元与新西兰元、北美洲的加拿大元、非洲的南非兰特形成了一个聚类，
称之为英联邦聚类，因为这 5 个货币的来源国都是英联邦的成员。此外
还可以发现，在 MST 网络中存在另外三个聚类，分别是以马来西亚吉特
为中心的亚洲聚类、以阿联酋迪拉姆为中心的中东地区聚类、以墨西哥
比索为中心的拉丁美洲聚类。其中前两个聚类间接地与美元为中心的全
球聚类相连，表明美元在外汇市场网络中占据了主导与核心的地位。

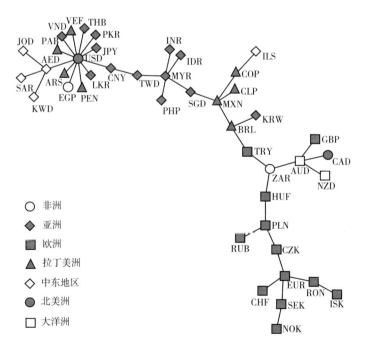

图 4.10　时间尺度 $s_1 = 10$ 时全球外汇市场的最小生成树网络

图 4.11 给出了时间尺度 $s_{15} = 58$ 时的 MST 网络，与图 4.10 中 MST 网络相比，全球外汇市场网络发生了一些变化，但是两个最强的聚类，即分别以美元与欧元为中心的全球聚类与欧洲聚类，依然存在 MST 网络中。此外，亚洲聚类、中东地区聚类、英联邦聚类也可以在 MST 网络中得以发现。网络拓扑结构最大的变化是拉丁美洲聚类消失了，以前的 4 个拉美聚类的组成货币（即巴西雷亚尔、智利比索、墨西哥比索、哥伦比亚比索）分别直接地或间接地与英联邦聚类相连。此时，英联邦聚类要比在时间尺度 $s_1 = 10$ 时大。尽管网络中的货币位置发生了变化，但是它不影响整个外汇市场网络的聚集效应。

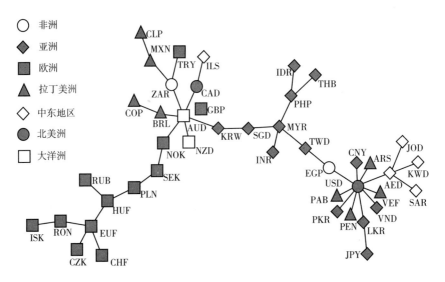

图 4.11　时间尺度 $s_{15} = 58$ 时全球外汇市场的最小生成树网络

如图 4.12 所示，当时间尺度 $s_{30} = 376$ 时，全球外汇市场网络发生了显著的变化，总结如下：（1）相比于前两个时间尺度，以美元为中心的全球聚类变小了，此时只有 5 个货币直接与美元相连；

（2）亚洲聚类分裂成两个小的聚类，分别是以印度卢比、泰铢、菲律宾比索、巴基斯坦卢比 4 个货币组成的线性聚类，与以新加坡元、中国台湾新台币、马来西亚吉特 3 个货币组成的三角聚类；（3）与图 4.11 相比，拉丁美洲聚类重新出现在 MST 网络中，但是以巴西雷亚尔为中心；（4）欧洲聚类依然存在于 MST 网络中，但是它的聚类中心变成了波兰兹罗提；（5）英联邦聚类被韩元分割成两个小的单元，但是这 5 个货币（即英镑、新西兰元、澳大利亚元、南非兰特、加元）依然保持在网络的一条链路上。

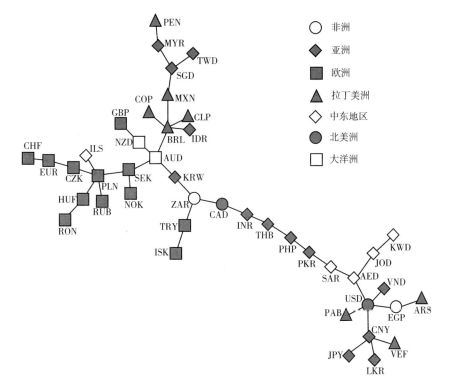

图 4.12　时间尺度 s_{30} =376 时全球外汇市场的最小生成树网络

从图 4.10 至图 4.12 可以发现在 3 个不同时间尺度下的 MST 网络

具有相似的结果，相关的结论总结如下：

（1）以美元为中心的全球聚类与以欧元为中心的欧洲聚类都存在于 3 个不同时间尺度下的 MST 网络，证实在全球外汇市场美元与欧元是主导性货币，另外货币之间以地域相似性或者贸易往来而形成聚类。

（2）在 3 个 MST 网络中，还存在一个稳定的聚类是以阿联酋迪拉姆为中心的中东地区聚类，它由阿联酋迪拉姆、约旦第纳尔、沙特里亚尔、科威特第纳尔 4 个货币组成。它们当中有 3 个国家是石油输出国组织的成员，使得它们的货币与美元之间具有很强的关系，这是因为美国是世界上最大的石油进口国与消费国，而且美元是主要的支付货币。

（3）亚洲聚类以及拉丁美洲聚类在网络中不够稳定，随着尺度的变化而得以相聚或者消失，表明这些区域的国家需要在贸易、政治、经济、汇率机制等方面加强合作，以形成有影响力的区域性聚类。

（4）英联邦聚类的形成表明，英联邦成员国共同的价值观以及贸易联系有利于货币聚类以及汇率机制的形成。

（5）MST 网络中有 5 个货币，即中国人民币、巴拿马巴波亚、越南盾、阿联酋迪拉姆和埃及镑在不同时间尺度下都与美元相连。这 5 个货币与美元相连的可能原因有两个：一是这几个国家是美国重要的贸易伙伴，如中国；二是该国实行盯住美元的汇率机制，如巴拿马。

（6）以色列新克尔一直处于 MST 网络的边缘，并不与亚洲聚类以及中东聚类相连，不受其他货币的影响，在某种意义上表明它是一种小货币，同时也说明以色列汇率机制的独特性，这与以色列在全球的政治角色以及地理位置相符。

4.2.6　拓扑特征分析

为了分析全球外汇市场网络的拓扑特征与统计性质，图 4.13 给出了不同时间尺度下 MST 网络的拓扑特征图，即 *NTL*、*APL*、k_{max}、*MOL*。同时，图 4.13 给出了对应拓扑特征值在所有时间尺度下的平均值。

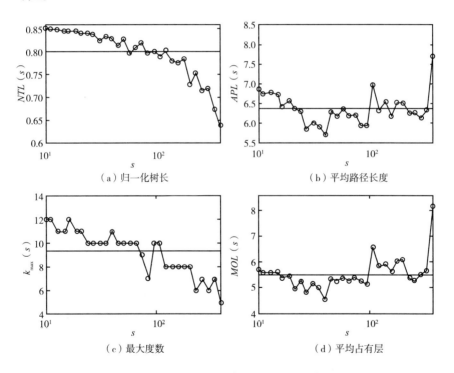

（a）归一化树长　　　　　　　　（b）平均路径长度

（c）最大度数　　　　　　　　　（d）平均占有层

图 4.13　不同时间尺度下全球外汇市场网络的拓扑特征

注：子图中的直线为拓扑特征在所有时间尺度下的平均值。

从图 4.13（a）可以看出，归一化树长随时间尺度的增加而减小，表明时间尺度越大，全球外汇市场网络的平均距离越小。关于平均路径长度与平均占有层，如图 4.13（b）与（d）所示，当时间尺度 $s < 40$ 时，它们有递减的趋势，而 $s > 40$ 时，则不具有任何持续性的趋势。另外从图中可以发现这两个拓扑特征具有相同的趋势，通过计算，这两个拓扑特征序列的皮尔森相关系数在 1% 水平下为 0.8638，从而证实它们具有相同的分析功能，即度量网络拓扑的密集程度。在图 4.13（c）中，最大度数在一些连续时间尺度具有相同的值，但整体的趋势随尺度的增加而减小。比如，可以从图 4.10 至图 4.12 发现，当 $s_1 = 10$、$s_{15} = 58$、$s_{30} = 376$ 时，MST 网络的最大度数 k_{max} 分别为 12、10、5，呈递减的趋势。

基于图 4.13 的上述分析，可以得到的结论是，全球外汇市场的 MST 网络在不同时间尺度下具有多样性的拓扑特征与统计性质，这为研究金融市场网络的拓扑与市场性质提供了新的视角，同时也为众多的市场参与者在不同的时间尺度下或者周期下提供了新的分析工具。

4.2.7 无标度分析

具有无标度或者幂律特性的网络，称为无标度网络。所谓无标度网络，它指的是这样一类网络：网络中少数节点拥有绝大多数的连接，而绝大多数节点的连接却很少。无标度网络具有严重的异质性，它各个节点之间的连接情况或度数具有严重的不均匀分布性：网络中极少数中心节点占有了大多数连接，而大部分节点只有很少的连接，从而导致极少数中心节点主导了网络的运行或者行为。在以往的研究中发现，大多数金融市场网络是无标度网络，即少量的金融市场或者金融个体主导了整个金融市场网络的运行或行为。例如，万德沃尔等（Vandewalle et al.，2001）研究了 1999 年由 6358 只美国股票所构成的 MST 网络，发现无标度行为存在于该股票网络中。该研究认为，无标度网络被定义为顶点度的概率分布 $P(k)$ 服从幂律分布，即：

$$P(k) \sim k^{-\alpha} \tag{4.14}$$

其中：k 为顶点的度数，α 为幂指数。

在该 MST 股票网络中，α 约等于 2.2。恩内拉等（Onnela et al.，2003）研究在 1980 ~ 1999 年 477 只美国股票所构建的动态 MST 网络，发现绝大多数时候 $\alpha \approx 2.1$，但在 1987 年的"黑色星期一"期间，$\alpha \approx 1.8$。此外，通过研究全球外汇市场网络在 1998 ~ 2008 年期间的无标度特性，发现网络的幂指数 $\alpha \in [2.37, 2.96]$（Kwapień et al.，2009）。可以发现，股票市场网络与全球外汇市场网络的无标度特性存在着差异性。为了计算出不同时间尺度下全球外汇市场 MST 网络的幂指数，本小节采用克洛赛城等（Kwapień et al.，2009）提出的一种广泛使用的幂指数的估计方法。该方法首先采用极大似然法进行参数估计，然后基于柯尔莫哥罗夫 – 斯米尔诺夫（K-S）统计量与似然比进行拟合优度的检验。参照克洛赛城等（Clauset et al.，2009）的方法，幂律模型的概率分布 $P(k)$ 被定义为：

$$P(k) = \frac{\alpha - 1}{k_{\min}} \left(\frac{k}{k_{\min}} \right)^{-\alpha} \tag{4.15}$$

通过极大似然法估计幂指数，可得：

$$\hat{\alpha} = 1 + N \left[\sum_{i=1}^{N} \ln \frac{k_i}{k_{\min}} \right] \tag{4.16}$$

其中：$\{k_i | i = 1, 2, \cdots, N\}$ 为顶点度数的集合，集合中元素 k_i 满足 $k_i \geqslant$

$k_{\min}$。$k_{\min}$ 为幂律模型的下确界，它通过估计 K-S 统计量的最小值来选择 k_i，即最小化 K-S 统计量 D 估计幂指数：

$$D = \max_{k \geq k_{\min}} |S(k) - C(k)| \qquad (4.17)$$

其中：$S(k)$ 是度数序列在 $k \geq k_{\min}$ 范围内的累积概率分布（CDF），$C(k)$ 是基于样本在 $k \geq k_{\min}$ 范围内的幂律模型的累积概率分布，而统计量 D 则表示样本分布与幂律分布之间的最大距离（Yang et al.，2013）。

基于 K-S 统计量，可以计算出样本数据服从幂律分布的可能性，即 p 值。如果 p 值远远小于 1，则说明该样本数据的概率分布不服从幂律分布；相反，如果 p 值越接近于 1，则表明样本数据的概率分布服从幂律分布的可能性越大。如果 p 值小于某个给定的阈值，则拒绝样本数据服从幂律分布的原假设。与克洛赛城等（Clauset et al.，2009）的研究相同，本书将阈值设为 0.1，即如果 p 值不小于 0.1，则接受样本数据服从幂律分布的原假设。

图 4.14 给出了不同时间尺度下全球外汇市场网络度分布的幂指数 α 及其 p 值。从图 4.14（a）中可以发现，估计得到的幂指数 $\alpha \in [2.12, 3.5]$，其均值为 2.69。大概有 1/3 的指数落在区间 [2.12，2.19]，接近于恩内拉等（2003）的结果；另外 2/3 的指数落在区间 [2.71，3.5]，要大于平均值 2.69。然而，如图 4.14（b）所示，部分 p 值小于阈值 0.1，表明 MST 网络的度分布在某些时间尺度下并非服从幂律分布。同时，可以看出不同时间尺度的 MST 网络具有不同的幂指数。在大多时间尺度下，MST 网络的度分布服从幂律分布，即全球外汇市场网络存在无标度特征，即为无标度网络。直观上，从全球外汇市场网络中可以发现，美元与欧元（即中心节点）拥有 MST 网络中绝大多数的连接，而其他货币节点直接或间接地与中心

节点相连，拥有少数的连接，因此美元与欧元这些中心节点主导了整个外汇市场网络的运行与行为。

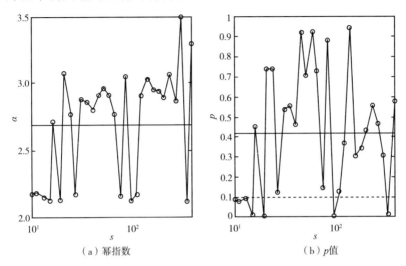

（a）幂指数 （b）*p* 值

图 4.14 不同时间尺度下全球外汇市场网络度分布的幂指数及其 *p* 值

注：子图中的直线为所有时间尺度下的平均值（下同）。子图（b）中虚线表示 *p* 值等于 0.1 的临界值。

4.2.8 单步存活比率分析

为了分析 MST 网络的鲁棒性以及长期演化特性，恩内拉等（2003）提出了单步存活比率（single-step survival ratio，SSR）与多步存活比率（multistep survival ratio，MSR）。考虑到时间尺度个数有限，因此本节不适合引入多步存活比率，只引入单步存活比率分析。单步存活比率被定义为时间尺度 s_i 与 s_{i-1} 下两个相邻最小生成树（MST）之间相同边数与总边数的比，即：

$$SSR(s_i) = \frac{|E(s_i) \cap E(s_{i-1})|}{N-1} \qquad (4.18)$$

其中，$E(s_i)$ 与 $E(s_{i-1})$ 分别表示两个时间尺度 s_i 与 s_{i-1} 下 MST 网络中边的集合，∩表示交集运算，$|E(s_i) \cap E(s_{i-1})|$ 表示时间尺度 s_i 与 s_{i-1} 下两个相邻 MST 网络间相同边的数量。通过式（4.18）计算得到不同时间尺度下全球外汇市场网络的单步存活比率，其结果如图4.15所示。

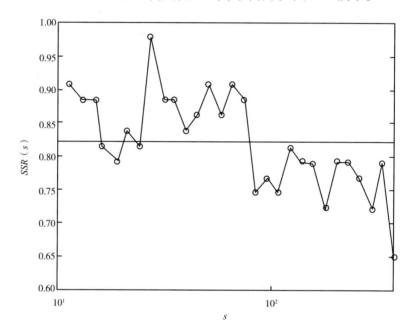

图 4.15　不同时间尺度下全球外汇市场网络的单步存活比率

如图4.15所示，单步存活比率的平均值为0.8212，与恩内拉等（2003）研究美国股票市场动态资产树的结果相似。此外，大约有13/30的单步存活比率值要大于其平均值，特别是单步存活比率的最大值达到0.9767，接近于1。以上结果表明，全球外汇市场网络绝大多数连接或者边没有发生改变，存活于相邻的两个时间尺度。但是，随着时间尺度的增加，单步存活比率整体呈下降的趋势，最小时达到0.65。尽管相邻网络之间的边数存在较大的存活比，但是两个相邻 MST 网络之间平均有18%的边发生了改变。因此，市场参与者可以通过分析这些边的变化来分析整个外汇市场关联性的变化，以调整相关的投资或者对冲策略。

4.2.9　研究结果

本节提出了基于 DCCA 系数法与 MST 法的关联性网络构建方法，以研究 2007～2012 年全球外汇市场 44 个主要货币在不同时间尺度下所构建的全球外汇市场网络。通过研究不同时间尺度下全球外汇市场网络的关联性及其拓扑与统计性质，可以得到如下结论：

（1）基于互相关系数的统计分析，发现全球外汇市场在 2007～2012 年不同时间尺度下的关联性系数呈现"尖峰厚尾"的特性。

（2）通过分析 3 个不同时间尺度下的 MST 网络，发现美元与欧元是世界主导性货币，一直占据 MST 网络的中心位置；亚洲聚类与拉丁美洲聚类不够稳定容易聚散，而中东地区聚类则很稳定，一直存在于 MST 网络中；英联邦聚类存在于 MST 网络中。

（3）分析 MST 网络的拓扑特征，发现全球外汇市场网络在不同时间尺度下呈现不同的拓扑与统计性质，表明网络随时间尺度而变化，网络个体之间的交互行为也随时间尺度而变化，能为市场参与者的决策行为提供新的分析视角与工具。

（4）全球外汇市场网络在大多数尺度下呈现无标度特性，表明网络中的中心货币（如美元、欧元）占据了绝大多数连接，而大多数货币却只有很少的边。因此，市场参与者要关注网络的中心货币的变化来调整相应的策略。

（5）通过分析网络的单步存活比率，发现全球外汇市场网络绝大多数连接没有发生改变，存活于相邻的两个时间尺度。

4.3 动态时变的全球外汇市场网络关联性研究

4.3.1 研究动机

复杂网络理论的广泛发展为金融市场的研究提供了新的视角，也为市场参与者提供了新的决策工具与方法。金融市场研究一般通过构建多个金融市场或者个体之间的关联性网络，分析市场的性质或行为。但大多数关联性网络都通过皮尔森相关系数度量两个金融市场或者个体间的线性关联性，而忽视了金融变量之间关联性的高度非线性及其波动性，故不能真实地捕捉到金融个体之间的动态关联性。因此，本节结合时变 Copula 法与 MST 法，提出一种新的动态关联性网络方法来研究全球外汇市场网络的动态拓扑特征与市场性质。

本节将时变 Copula 法与 MST 法相结合的研究动机可以概括为以下两个方面：

（1）MST 法被广泛用于研究与挖掘外汇市场网络的聚集效应以及市场性质。为了研究网络的动态行为，以往的工作通常采用滑窗分析法构成动态的 MST 网络，但是存在以下两点缺陷：一是滑窗参数的设置取决于研究者的偏好，即窗长与步长大小选择比较随意。例如，恩内拉等（2003）将窗长设为 4 个日历年，近似为 1000 个交易日，而宋栋鸣等（Song et al.，2011）却将窗长设为 1250 个交易日。二是 MST 网络通常采用皮尔森相关系数来构建，而皮尔森相关系数不能准确地度量金融个体间的非线性关系，并忽视了金融变量的波动性以及非正态性。值得注意的是，有少量学者开始尝试使用动态的相关性方法来研究金融市场的 MST 网络。例如，洛萨等（Lyócsa et al.，2012）采用动态条件相关异方差模型来构建美国股票市场 MST 网络，特兰科索（Trancoso，2014）使用多元条件异方差模型来构建条件相关矩阵并将其应用于动态网络的分析。但是，他们都假定金融变量服从正态分布的假设，而忽视了金融变量的非正态性与非对称性。

（2）斯克拉（Sklar，1959）提出的 Copula 方法被广泛应用于金融市场的相依性与关联性的分析，他指出任意一个 n 维联合分布函数可以分解为含 n 个变量的边际分布函数与一个 Copula 函数，其中边际分布函数用来描述 n 个变量的位置、尺度和形状，如均值、方差、偏度、峰度，而 Copula 函数可以刻画 n 个变量之间的非线性与非对称的互相关关系，并能有效度量分布的尾部相依性（Sklar，1973）。相比于传统的线性相关性度量方法，Copula 方法具有以下两方面的优点（Wen and Liu，2009；Hu，2010；王永巧和刘诗文，2011）：一是能度量金融市场间的非线性相依性，与条件异方差（GARCH）类模型相比，无须对收益率的分布做出严格的假设，即跳出了收益率服从正态分布假设的约束，所以能更准确地度量金融市场间的非线性与非对称的相依性[①]。二是它的时变参数能够描述与刻画金融市场间的动态时变相依性。因此，大量学者广泛采用 Copula 法来研究外汇市场间的相依性及其时变特性。例如，巴顿（Patton，2006）通过构建时变的 Copula 法来研究两个汇率之间的相依性，具体考察了德国马克/美元（DM/USD）与日元/美元（JPY/USD）在 1991～2001 年相

[①]　本书将"相依性"与"关联性"视为同一概念。

依性。同时，他还对比分析了时变 Copula 法与其他动态基准方法
（如动态相关条件异方差模型）的实证结果，发现 Copula 方法具有更
好的建模效果并有效刻画汇率间的相依性。迪克斯等（Diks et al.，
2010；Dias and Embrechts，2010）使用几个不同的 Copula 方法分析
了加元/美元（CAD/USD）、瑞士法郎/美元（CHF/USD）、欧元/美
元（EUR/USD）、英镑/美元（GBP/USD）、日元/美元（JPY/USD）
5 个汇率间的相依性，实证发现 t-Copula 方法要显著优于高斯
（Gaussian）、冈贝尔（Gumbel）和克莱顿（Clayton）等 Copula 方法，
从而表明相对于其他 Copula 方法，t-Copula 方法更能有效地度量外汇
市场间的相依性与相关性。迪亚斯等（Dias and Embrechts，2010）基
于时变条件异方差 Copula 方法研究了 2000 年 10 月 1 日至 2008 年 10
月 1 日期间汇率 EUR/USD 与 JPY/USD 之间的相依性，实证发现两个
汇率序列之间的相依性是动态时变的，同时也发现时变条件异方差
Copula 方法的建模效果要优于传统的动态模型，如多元条件异方差
模型。

　　基于以上研究动机，本节结合时变 Copula 法与 MST 法构建了动
态时变的全球外汇市场网络，并分析了网络的拓扑特征与市场性质
及其动态性。实证数据取自全球外汇市场 42 个主要货币在 2005 ~
2012 年汇率日价格数据。在实证分析中，首先通过时变 t-Copula 方法
计算了不同汇率之间的动态互相关系数（相依系数）ρ_t，具体地分为
两步：一是采用 AR(p)-GARCH(1,1)-t 模型刻画汇率收益率的边际
分布；二是通过两阶段的边际推断函数法（inference-functionfor-mar-
gins，IFM）估计得到时变 t-Copula 方法的参数，并得到相应的时变
互相关系数。其次，基于任意两个汇率间的时变互相关系数，构建全
球外汇市场的时变关联性矩阵 **C**$_t$。再其次，将时变的关联性矩阵转

换成时变的距离矩阵 $\mathbf{D}_t$，从而构建全球外汇市场的时变 MST 网络。最后，分析了时变的全球外汇市场网络的动态拓扑特征及其统计性质。

4.3.2　实证数据

基于本书 4.2 节的研究，对表 4.5 中全球外汇市场的 44 个主要货币重新进行了筛选，剔除了部分完全盯住美元汇率的货币以及边缘货币，具体剔除了拉丁美洲的巴拿马巴波亚（PAB）与委内瑞拉玻利瓦尔（VEF），以及亚洲的斯里兰卡卢比（LKR），同时加入了中东地区的巴林第纳尔（Bahrain Dinar，BHD），总共选取了全球外汇市场 42 个主要货币在 2005～2012 年汇率日价格序列作为实证数据。与本书 3.1.2 小节、4.2.2 小节以及张伍硕等（Jang et al.，2011）的研究相似，本节依然选取 SDR 作为基准货币，即兑换货币。所有的汇率数据来自太平洋汇率服务网站（http：//fx. sauder. ubc. ca/data. html）。记 $P_{i,t}$ 为货币 i 在第 t 天的日汇率价格，货币 i 在第 t 天的对数收益率 $r_{i,t}$ 定义为：

$$r_{i,t} = 100(\ln P_{i,t} - \ln P_{i,t-1}) \tag{4.19}$$

其中：每个货币的收益率含有 2003 个观测值。

4.3.3　基于时变 Copula 模型的关联性网络构建方法

本节首先引入时变 Copula 模型，具体包括边际分布模型、时变 t-Copula 模型以及参数的估计。然后，基于 MST 方法，提出时变关联性网络构建方法，并引入了相关的时变拓扑度量指标。

4.3.3.1 边际分布模型

由于汇率收益率序列存在自相关、非对称、条件异方差、尖峰、厚尾等特性，参照巴顿（Patton，2006）的研究，本节采用 AR(p)-GARCH(1,1)-t 模型来刻画汇率收益率的边际分布，具体的模型设定如下：

$$r_{i,t} = \mu + \sum_{j=1}^{p} \phi_j r_{i,t-j} + \varepsilon_{i,t} \tag{4.20}$$

$$\varepsilon_{i,t} = \sigma_{i,t} z_{i,t}, z_{i,t} \sim t(v) \tag{4.21}$$

$$\sigma_{i,t}^2 = \omega_i + \alpha_i \varepsilon_{i,t-1}^2 + \beta_i \sigma_{i,t-1}^2 \tag{4.22}$$

其中：ϕ_j 为自回归（AR）系数，$z_{i,t}$ 为服从自由度 v 的 t 分布，$\sigma_{i,t}^2$ 是残差 $\varepsilon_{i,t}$ 的条件方差，其参数满足如下条件：$\omega_i > 0$，$\alpha_i > 0$，$\beta_i > 0$，且 $\alpha_i + \beta_i < 1$。为了简单起见，本节将自回归阶数 p 设为 1，即为 AR(1) 过程。

4.3.3.2 时变 t-Copula 模型

已有研究的结果表明，与其他高斯、冈贝尔、克莱顿等 Copula 方法相比，时变 t-Copula 模型能更有效地度量汇率时间序列间的动态关联性（Diks et al.，2010；Dias and Embrechts，2010）。因此，本节采用时变 t-Copula 模型来捕捉全球外汇市场的动态时变关联性，下面对该模型进行简单讨论。

对所有 $u_t, v_t \in [0,1]$，时变 t-Copula 模型的条件概率密度函数定义为：

$$c_t(u_t, v_t \mid \theta_t, n) = \frac{1}{\sqrt{1 - \theta_t^2}} \frac{\Gamma\left(\dfrac{n+2}{2}\right)\Gamma\left(\dfrac{n}{2}\right)}{\left[\Gamma\left(\dfrac{n+1}{2}\right)\right]^2}$$

$$\times \left[1 + \frac{T_n^{-1}(u_t)^2 + T_n^{-1}(v_t)^2 - 2\theta_t T_n^{-1}(u_t) T_n^{-1}(v_t)}{n(1 - \theta_t^2)}\right]^{-\frac{n+2}{2}}$$

$$\times \left[\left(1 + \frac{T_n^{-1}(u_t)^2}{n}\right)\left(1 + \frac{T_n^{-1}(v_t)^2}{n}\right)\right]^{\frac{n+1}{2}} \tag{4.23}$$

其中：$T_n^{-1}(\cdot)$ 为自由度为 n 的 t 分布的累积分布函数（CDF）的逆函数，$\theta_t \in (0,1)$ 为线性相关系数，$\Gamma(\cdot)$ 为伽玛函数。

巴顿（Patton，2006）指出金融变量之间的关联性随时间而动态变化，他假定 Copula 的参数可以通过 ARMA（1，10）过程来建模，即由过去的信息来决定 Copula 的参数，因此可以得到 t-Copula 模型的时变相依系数：

$$\rho_t = \widetilde{\Lambda}\left(\gamma_0 + \gamma_1\rho_{t-1} + \gamma_2 \frac{1}{10}\sum_{i=1}^{10} T_n^{-1}(u_{t-j}) T_n^{-1}(v_{t-j})\right) \tag{4.24}$$

其中：$\widetilde{\Lambda}(x) = (1 - e^{-x})/(1 + e^x)$ 是修正的 Logistic 函数，以保证 ρ_t 总是在区间（−1，1）内，$\gamma_k(k = 0,1,2)$ 为未知参数。

4.3.3.3　参数估计

参照以往研究（Wang et al.，2011；Lai et al.，2009），本节采用两阶段的边际推断函数法（IFM）来估计 Copula 函数的参数（Joe and Xu，1996）。IFM 方法可以先估计边际分布的参数，然后再估计 Copula 函数的参数，具体的步骤如下：

第一步，通过极大似然法估计汇率收益率的边际分布参数，即：

$$\hat{\xi} = \operatorname{argmax} \sum_{t=1}^{T} \ln f_{i,t}(z_{i,t} | \Omega_{t-1}; \xi_i) \qquad (4.25)$$

其中：$f_{i,t}(\cdot | \cdot)$ 为汇率收益率 $r_{i,t}$ 的条件边际概率密度函数，ξ_i 为收益率的边际分布参数，Ω_{t-1} 表示 $t-1$ 时刻的信息集合。

第二步，给定 ξ_i，假定有 ξ_u 与 ξ_v，Copula 函数的参数可通过下式估计得到：

$$\hat{\xi} = \operatorname{argmax} \sum_{t=1}^{T} \ln c_t(F_{u,t}(z_{u,t} | \Omega_{t-1}; \hat{\xi}_u), F_{v,t}(z_{v,t} | \Omega_{t-1}; \hat{\xi}_v); \xi_c)$$

$$(4.26)$$

4.3.3.4　时变关联性网络构建方法

时变关联性网络方法的构建分为三个步骤：第一，基于时变 t-Copula 模型，可以得到任意两个汇率序列间的时变关联性（相依）系数，从而构建 $N \times N$ 的时变关联性矩阵 $\mathbf{C}_t$，其矩阵元素为 $\rho_t(i,j)$，它表示货币 i 与 j 在 t 时刻的互相关系数，其中 $1 \leqslant i, j \leqslant N$，本节中 $N = 42$。第二，将时变关联性矩阵转化成对应的时变距离矩阵 $\mathbf{D}_t$，矩阵元素为 $d_t(i,j) = \sqrt{2(1 - \rho_t(i,j))}$，其中 $d_t(i,j) \in [0,2]$ 且满足欧几里得几何公理的 3 条定理。第三，基于时变的距离矩阵 $\mathbf{D}_t$，通过克鲁斯卡尔算法将其转换成时变的 MST 网络，即得到时变的全球外汇市场网络。

同 4.1 节与 4.2 节的研究相似，本节引入拓扑指标来度量全球外汇市场网络的时变演化与统计性质，一共包括 APL、MOL、k_{max}、度分布 4 个拓扑指标。其中，前两个指标下面将在时变的条件下重新给予定义，而后两个指标与 4.2 节中的定义相似不再重述。

（1）APL 用来度量时变 MST 网络的密集程度，它被定义为任意两个顶点（货币）i 与 j 的平均路由个数，即：

$$APL_t = \frac{2}{N(N-1)} \sum_{i=1,i>j}^{N} l_{ij}^t \qquad (4.27)$$

其中：l_{ij}^t 为 t 时刻 MST 网络中顶点（货币）i 与 j 之间的最短路径的边数。

（2）*MOL* 被用于分析时变 MST 网络密度的变化情况。在 t 时刻，对于给定 MST 网络的中心顶点 v_c，恩内拉等（2003）将 *MOL* 定义为：

$$MOL_t(v_c) = \frac{1}{N} \sum_{i=1}^{N} lev^t(v_i) \qquad (4.28)$$

其中：$lev^t(v_i)$ 表示 t 时刻顶点 v_i 与中心顶点 v_c 所在层数的差，v_c 自身的层数设为 0。

4.3.4 关联性系数与距离测度的统计分析

本节主要分析全球外汇市场 42 个主要货币的时变关联性系数以及 MST 网络时变距离的统计性质，其中在每个时刻，关联性系数包含 $N(N-1)/2$ 个观测值，而 MST 网络距离只含有 $N-1$ 条最重要的边，即 $N-1$ 个观测值。图 4.16 与图 4.17 分别给出了时变关联性系数与 MST 时变距离的描述性统计量，即均值、标准差、偏度、峰度。

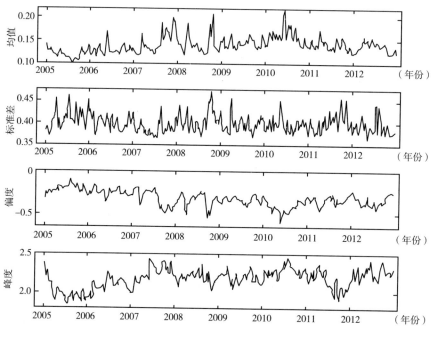

图 4.16　全球外汇市场网络时变关联性系数的描述性统计量

　　从图 4.16 与图 4.17 可以看出，4 个描述性统计量随时间而变化，并且在美国次贷危机以及 2008 年全球金融危机期间具有高的波动性。特别是在 2007 年 6 月至 2009 年 7 月期间，全球外汇市场及其网络分别具有较强的关联性与较小的距离，即关联性越强，相应地距离也越小。这与阿斯特等（Aste et al.，2010）得出的结论是一致的，即金融危机常常导致市场的交互行为与关联性显著增强。另外，关联性系数与距离的偏度值在任何时刻都小于 0，而在大多数时刻峰度值都不等于 3，表明全球外汇市场及其网络的关联性系数与距离呈"尖峰厚尾"特性，且是左偏的。

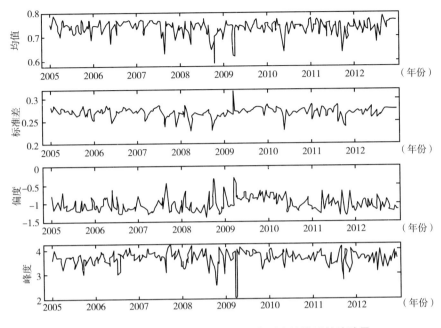

图 4.17　全球外汇市场网络时变距离测度的描述性统计量

4.3.5　最小生成树分析

考虑到金融危机对全球外汇市场具有显著的影响与冲击，在本节所研究的时间段内包括始于 2007 年的美国次贷危机、2008 年的全球金融危机、2009 年后的欧债危机，因此着重分析金融危机前、中、后 3 个特殊时期的 MST 网络，在此特别地取 2005 年 1 月 5 日、2008 年 1 月 2 日、2012 年 1 月 3 日 3 个交易日（即为 2005 年、2008 年、2012 年的第 1 个交易日）分别代表这三个特殊阶段。图 4.18 至图 4.20 分别给出了这 3 天的全球外汇市场 MST 网络。

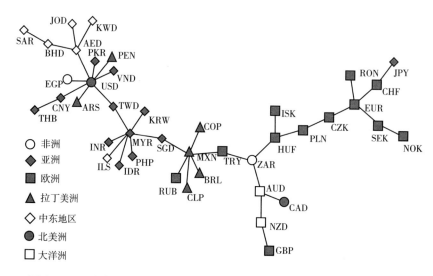

图4.18 2005年1月5日（金融危机前）全球外汇市场的最小生成树网络

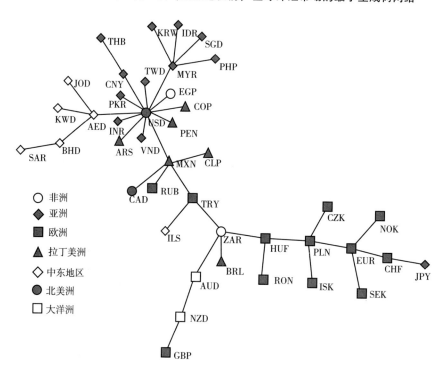

图4.19 2008年1月2日（金融危机中）全球外汇市场的最小生成树网络

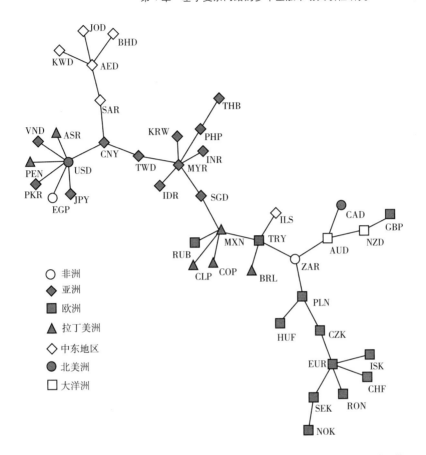

图 4.20　2012 年 1 月 3 日（金融危机后）全球外汇市场的最小生成树网络

　　图 4.18 为 2005 年 1 月 5 日的全球外汇市场 MST 网络图，它代表
金融危机之前的网络状态。网络中大部分货币按照地域分布聚集在一
起，比如以欧元为中心的欧洲聚类、以马来西亚吉特为中心的亚洲聚
类、以阿联酋迪拉姆为中心的中东地区聚类、以墨西哥比索为中心的
拉丁美洲聚类。在全球外汇市场网络中，最重要的一个聚类是以美元
为中心的全球聚类，它直接或间接地连接来自亚洲、中东地区、拉丁美
洲、非洲的货币，表明美元是世界主导性货币。与 4.2 节的研究相似，
来自欧洲的英镑、大洋洲的新西兰元与澳大利亚元、北美洲的加元、非

洲的南非兰特构建了英联邦聚类。此外，从图 4.18 中还可以发现，在全球外汇市场中 3 个重要的货币，即欧元、瑞士法郎、日元紧密相连。

图 4.19 给出了 2008 年 1 月 2 日的全球外汇市场 MST 网络，代表美国次贷危机与全球金融危机时全球外汇市场的网络状态。此时网络发生了非常大的变化，其中最大的变化是美元在 MST 网络中变得更加中心，拉丁美洲聚类与亚洲聚类不复存在，它们的货币直接地或间接地与美元相连。也就是说，在金融危机期间，大部分来自亚洲、中东地区、拉丁美洲的货币紧密地与美元相连，表明金融危机导致全球外汇市场出现了显著的联动效应，这与 4.1 节次贷危机期间的研究结果相似。尽管欧洲聚类与英联邦聚类仍然出现在网络中，但是它们受到了金融危机的影响，比如其聚类结构与货币的位置发生了改变。

图 4.20 给出了代表危机之后的全球外汇市场 MST 网络，它与图 4.18 和图 4.19 相比，此时的网络恢复到金融危机之前的状态，当然网络的结构以及货币的位置与危机之前还是有着差别。可以发现，亚洲聚类与拉丁美洲聚类得以重现，比较特别的是图 4.20 中的英联邦聚类与它在危机之前（见图 4.18）的结构及其货币所在的位置完全一样。此外，一个显著的变化是日元离开了欧洲聚类而与以美元为中心的全球聚类相连。此时，中国人民币与美元、中国台湾新台币、沙特里亚尔相连，这是由于美国、中国台湾、沙特阿拉伯是中国大陆重要且排名靠前的贸易伙伴。

通过对图 4.18 至图 4.20 的分析，可以得到如下结论：（1）美元是世界主导性货币，在外汇市场以及货币系统中具有显著的影响力。（2）欧洲聚类具有相对稳定的结构，这可能归因于欧元的影响力。（3）中东地区的货币除了以色列新克尔以外形成了一个稳定的聚类，并与美元相连，可能的原因是沙特阿拉伯、阿联酋、科威特、约旦、巴林是重要的石油输出国，特别地，前三个国家是 OPEC 组织成员，从而持有大量的美元，并且它们的汇率实行与美元挂钩的机制。(4) 英镑、加元、澳大利亚元、新西兰元、南非兰特形成的英联邦聚类在网络中具有很好的稳定性，表明相应国家具有相同的汇率机制。

4.3.6　拓扑特征分析

本节主要分析全球外汇市场网络拓扑特征的动态演化情况。首先，计算得到 APL、MOL、$k_{\max}$ 的时变值，如图 4.21 所示。

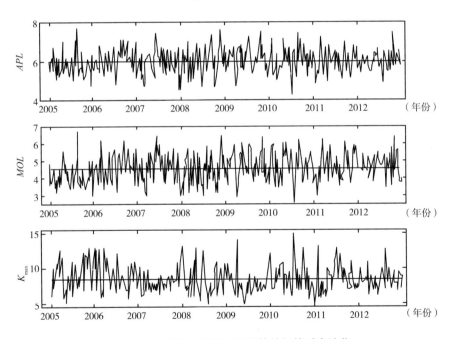

图 4.21　全球外汇市场网络拓扑特征的时变演化

注：子图中的直线为对应拓扑特征在整个时间段内的平均值。

关于网络的密度测度，即 APL 与 MOL，没有显示出任何有规律的趋势，除了上下波动之外。在整个时间段内，APL 的均值接近于

6，即网络中任意两个货币之间的平均路径长度为6，表明外汇市场
网络中存在"六度分离"现象。最大度数 k_{max} 也具有很大的波动性，
特别是在金融危机期间。然后，通过克洛赛城等（Clauset et al.，
2009）提出的幂律估计方法，计算得到每个时刻下 MST 网络的幂指
数及其对应的 p 值，其结果如图4.22所示。MST 网络的幂指数也随
时间变化而变化，取值范围为 $[2.09, 3.5]$。尽管有一部分（大约
309 个） p 值小于阈值0.1，但是在绝大多数的情况下，MST 网络的
度分布服从幂律分布，表明全球外汇市场网络在绝大多数情况为无
标度网络。也就是说，网络中少数节点（如美元）占据了大部分的
边或者连接，而绝大多数节点却只拥有少量的边，这与4.2节中绝大
多数时间尺度下全球外汇市场网络是无标度网络的结论相一致。

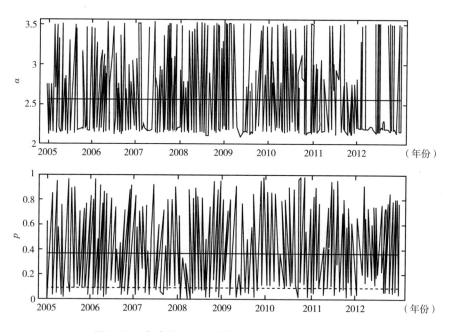

图4.22 全球外汇市场网络的时变幂指数及其 p 值

注：子图中的直线为对应拓扑特征在整个时间段内的平均值。

　　分析全球外汇市场网络拓扑特征序列的时间自相关性，采用降趋势波动分析（DFA）法分析拓扑特征序列的长程自相关性。在DFA 法中，降趋势波动函数 $F(s)$ 与时间尺度 s 存在如下幂律关系：$F(s) \sim s^{-H}$，其中 H 为霍斯特指数。$H = 0.5$，$0 < H < 0.5$，$0.5 < H < 1.0$ 分别表示不存在自相关性的序列、存在长程自相关的序列、存在长程负自相关的序列，具体介绍见 2.3.1.1 小节。图 4.23 给出了 APL、MOL、k_{max}、幂指数 α 序列的 DFA 分析，其中子图中的实线为对应序列的线性拟合曲线。可以发现，可决系数 R^2 非常接近于 1，表明回归线与观测值拟合得很好。具体地，4 个拓扑特征序列的霍斯特指数 H 分别为 0.76 ± 0.02、0.80 ± 0.02、0.86 ± 0.02、0.73 ± 0.01，都显著大于 0.5，表明这 4 个拓扑特征序列存在长程自相关性，从而说明全球外汇市场网络存在长程记忆性。

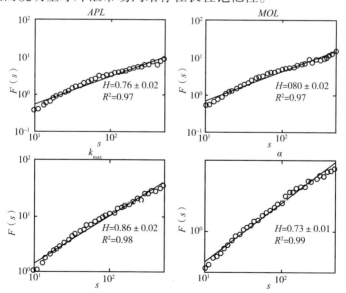

图 4.23　拓扑特征序列的降趋势方差函数 $F(s)$ 与时间尺度 s 的双对数

注：子图中实线为对应序列的线性拟合曲线，H 为霍斯特指数，R^2 为可决系数。

4.3.7 单步与多步存活比率分析

为了分析 MST 网络边的鲁棒性及其长期演化性，本节引入恩内拉等（2003）提出的单步存活比率（SSR）与多步存活比率（MSR）。单步存活比率定义为时刻 t 与时刻 $t+1$ 两个相邻最小生成树（MST）之间相同边数与总边数的比，即：

$$SSR(t) = \frac{1}{N+1} \left| E(t) \cap E(t+1) \right| \tag{4.29}$$

其中：$E(t)$ 与 $E(t+1)$ 分别表示时刻 t 与时刻 $t+1$ 网络中边的集合，$\cap$ 表示交集运算，$|\cdots|$ 表示集合中元素的个数。相应地，多步存活比率定义为：

$$MSR(t_0, \delta) = \frac{1}{N-1} \left| E(t_0) \cap E(t_0+1) \cdots E(t_0+\delta-1) \cap E(t_0+\delta) \right|$$

$$\tag{4.30}$$

其中：t_0 为初始时刻，δ 为步长。

图 4.24 给出了全球外汇市场网络的单步存活比率的演化图。单步存活比率序列的均值为 0.92，表明 MST 网络中绝大多数边（连接）从时刻 t 存活到时刻 $t+1$，即相邻两个 MST 网络中大部分边都没有发生变化，大概只有 8% 的边发生了改变。换句话讲，从网络的短期演化及其鲁棒性来看，全球外汇市场汇率间的紧密关系很难被打破，具有很强的稳健性。进一步地，本节采用 DFA 法分析了 SSR 序列的长程自相关性，其结果如图 4.25 所示。可以发现，SSR 序列的霍斯特指数为 0.68 ± 0.01，大于 0.5，再次表明全球外汇市场网络存在长程记忆性。

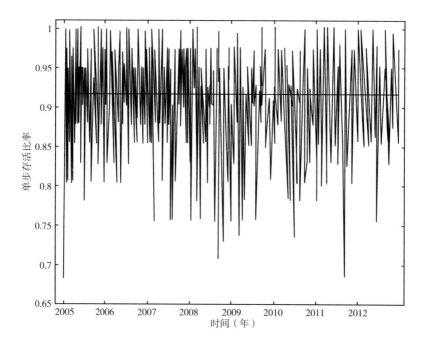

图 4.24　全球外汇市场网络的单步存活比率

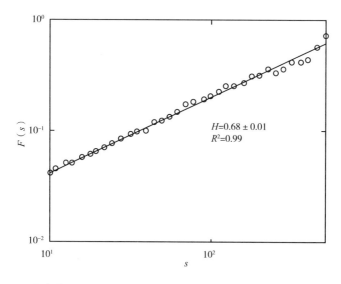

图 4.25　单步存活比率序列的降趋势方差函数 $F(s)$ 与时间尺度 s 的双对数

图 4.26 给出了全球外汇市场网络在不同初始时刻 t_0 下的多步存活比率与步长 δ 的双对数图。本节一共考虑了 8 个不同的初始时刻，它们分别是实证时间段内每个交易年的第一个交易日。从图 4.26 可以发现，每个 MSR 曲线都随时间的增加而急剧下降，表明全球外汇市场网络的稳定性随时间的增加而急剧下降。然而，每个 MSR 曲线在中间或者最后某个时间段内存在不变的区间或者趋向于一个常值，表明全球外汇市场网络的部分拓扑结构或者聚类（如中东地区聚类）一直保持不变且具有很好的稳定性。

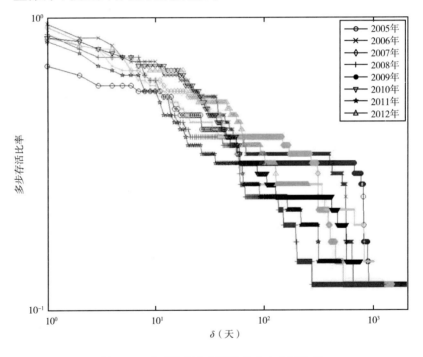

图 4.26　全球外汇市场网络的多步存活比率

4.3.8　研究结果

本节研究了全球外汇市场 42 个主要货币在 2005～2012 年的时变关联性。基于时变 Copula 法与 MST 法，构建并分析了时变全球外汇市场网络的拓扑与统计性质。具体地，首先基于 $AR(p)-GARCH(1,1)-t$ 模型估计了汇率收益率的边际分布；然后采用时变 t-Copula 方法计算得到任意两个汇率收益率间的时变关联性系数并构建相应的关联性矩阵；最后应用 MST 法构建了时变全球外汇市场网络并分析了网络的拓扑与统计性质，包括拓扑特征的动态性与自相关性，以及 MST 网络的存活比率。

通过对动态时变的全球外汇市场网络关联性的研究，得到以下结论：

（1）基于对全球外汇市场的互相关系数及其网络距离的统计分析，发现时变的关联性系数与距离呈"尖峰厚尾"特性。

（2）通过分析 3 个特殊时期的 MST 网络，观测到许多货币聚集在一起并形成相应的聚类，比如，以美元为中心的全球聚类、以阿联酋迪拉姆为中心的中东地区聚类、以欧元为中心的欧洲聚类等。此外，金融危机对外汇市场网络的拓扑结构具有很大的冲击与影响，此时美元在网络中占据最中心的位置。

（3）分析时变全球外汇市场网络的拓扑特征，发现拓扑特征是动态时变的，且存在长程自相关性，表明全球外汇市场网络具有长程记忆性。另外，全球外汇市场网络在大多数时候是无标度网络。

（4）通过对全球外汇市场网络的单步与多步存活比率的分析，实证发现，从网络的短期演化及其鲁棒性来看，全球外汇市场汇率间的紧密关系很难被打破具有很强的稳健性；而从网络的长期演化来看，全球外汇市场网络的稳定性随时间的增加而急剧下降。

第5章 基于随机矩阵的金融市场内部关联性研究

    本章主要通过随机矩阵理论对金融市场内部关联性的度量方法及其实证展开研究，研究了美国股票市场股票之间的关联性。在实证过程中，首先分别通过皮尔森相关系数法与DCCA系数法构建实证数据的关联性矩阵，然后采用随机矩阵理论分析实证关联性矩阵的统计性质，并比较两种构建方法的异同，同时分析不同时间尺度下关联性矩阵的统计性质。本章具体的研究内容安排如下：5.1节为本章的研究目的与动机。5.2节为本章实证数据的介绍。5.3节简单讨论本章的研究方法。5.4节是本章的实证分析，具体包括关联性系数的统计分析、随机数据与实证数据的特征值的统计分析、特征向量的统计分析、反参与比率的统计分析、市场因子的滤波分析等。5.5节为本章的结论。

5.1 研究动机

    金融变量或资产之间的交互作用，表现为金融变量或资产收益

间的协方差或关联性矩阵，而关联性矩阵决定了资产投资组合策略
的选择以及资产风险的管理。如何有效挖掘并利用协方差矩阵或关
联性矩阵中的有效信息，已经成为金融市场与金融工程研究领域以
及业界实践的难点与热点问题。

　　例如，在马科维茨（Markowitz，1952）投资组合理论中，假设
有 N 个资产（如股票）可以投资，并把它们的收益率看作是随机变
量，通常记为 $\mathbf{r} = (r_1, r_2, \cdots, r_N)^T$，相应的均值记为 $\bar{\mathbf{r}} = (\bar{r}_1, \bar{r}_2, \cdots,$
$\bar{r}_N)^T$，每个资产的风险采用方差表示为 $\sum = (\sigma_1^2, \sigma_2^2, \cdots, \sigma_N^2)^T$，并
以 c_{ij} 表示收益率 r_i 与 r_j 的相关性系数。投资者希望能够有高的收益
并规避风险，即希望有高的均值与较小的方差，但是对于单个资产而
言，高收益往往伴随着高风险。解决的办法就是采用资产的投资组
合，将全部资金分散投资于各个资产。假定投资者对这 N 个资产的
投资权重设为 $\mathbf{W} = (w_1, w_2, \cdots, w_N)^T$，则该投资组合的收益率及其平
均收益率分别定义为：

$$r_p = \sum_{i=1}^{N} w_i r_i \tag{5.1}$$

$$\bar{r}_p = E r_p = \sum_{i=1}^{N} w_i \bar{r}_i \tag{5.2}$$

而该投资组合的风险则定义为收益率 r_p 的方差，即：

$$\sigma_p^2 = D r_p = \sum_{i=1}^{N} \sum_{j=1}^{N} w_i \sigma_i c_{ij} \sigma_j w_j = \mathbf{W}^T \sum\nolimits^T \mathbf{C} \sum \mathbf{W} \tag{5.3}$$

其中：$\mathbf{C}$ 为关联性矩阵，且 $\| \mathbf{W} \|_1 = 1$，即 $\sum_{i=1}^{N} w_i = 1$。

　　因此，寻找最优资产投资组合的问题便转化为：求得投资组合比
例 $\mathbf{W} = (w_1, w_2, \cdots, w_N)^T$，使得平均收益率 $\bar{r}_p$ 等于某个目标值而其风

险 σ_p^2 达到最小，或者风险 σ_p^2 控制在某一个可接受的水平而使平均收益率 $\bar{r}_p$ 达到最大。

但是，本章的研究目的或者动机并非在于求得最优的投资组合，而是重点关注式（5.3）中最核心的因素，即关联性矩阵 **C**，这是因为如何准确地估计并挖掘出关联性矩阵的有效信息是决定最优投资组合的根本。

随机矩阵理论（RMT）为此提供了一个有效的工具，可以用来分析关联性矩阵的统计性质，并检验与过滤关联性矩阵中的随机噪声。例如，拉卢等（Laloux et al.，1999）选取 1991～1996 年标准普尔 500 指数的 466 只股票价格作为实证数据，发现实证关联性矩阵约 94% 的特征值落在 RMT 所预测的范围，只有 6% 的特征值偏离于 RMT 所预测的区间，从而表明实证关联性矩阵在很大程度具有随机矩阵的性质，并且存在大量的随机噪声。因此，在资产的投资组合中，应避免直接使用实证关联性矩阵进行决策与投资。与此同时，普鲁等（Plerou et al.，1999）选取 1994～1995 年 1000 家美国上市公司股票价格的 30 分钟的高频数据作为研究对象，得到与拉卢等相似的结论，并发现代表金融市场的最大特征值（$\lambda_{largest}$）比随机矩阵理论所预测的极大特征值（λ_+）大 25 倍。

随后，普鲁等（2002）选取了美国股票市场 3 个实证数据集，其中第 1 个实证数据集与普鲁等（1999）选取的数据集相同，第 2 个实证数据集为 1996～1997 年 881 只股票价格的 30 分钟的高频数据，第 3 个实证数据集为 1962～1996 年 422 只股票的日价格序列，他们得到了与拉卢等（1999）以及普鲁等（1999）相似的结论，发现实证最大特征值比 RMT 所预测的极大特征值大 25 倍。

然而，宇津木等（Utsugi et al.，2004）采用 RMT 研究了 1991 ~ 2001 年标准普尔 500 指数的 422 只股票的日价格数据，发现实证最大特征值比 RMT 所预测的极大特征值大 29 倍。这说明，随着时间的演化，最大特征值也随之发生变化。

在以往随机矩阵理论的研究中，关联性矩阵通常采用皮尔森相关系数 C_{ij} 来构建，其中 $C_{ij} = \left[\langle r_i r_j \rangle - \langle r_i \rangle \langle r_j \rangle\right]/\left[\sigma_i \sigma_j\right]$，$r_i$ 与 r_j 为金融资产（如股票）i 与 j 的收益率，σ_i 与 σ_j 分别为收益率 r_i 与 r_j 的标准差，$\langle \cdot \rangle$ 表示样本内的平均值。皮尔森相关系数用来描述两个稳定时间序列的线性关联性，而在现实世界中，特别是在金融市场中，金融时间序列通常是非平稳的且具有异质性。因此，皮尔森相关系数不能有效度量非平稳、非高斯序列之间的关联性。为了克服皮尔森相关系数的缺点，泽本德（Zebende，2011）基于 DFA 法与 DCCA 法提出了一种非线性关联性度量，即 DCCA 系数 $\rho_{ij}(s)$ 法，可以用来度量两个非平稳且非高斯时间序列在不同时间尺度下的关联性水平，其中 s 为时间尺度。鉴于此，可以将分形分析理论的 DCCA 系数法与随机矩阵理论相结合来研究金融个体之间的关联性，但是需要考虑以下几个问题：

（1）DCCA 系数法与 RMT 相结合能否有效度量金融时间序列的关联性？

（2）如果关联性矩阵分别采用皮尔森系数法与 DCCA 系数法构建，两者之间的相异点有哪些？

（3）如果将 DCCA 系数法与 RMT 相结合，那么金融时间序列的关联性在不同时间尺度下具有什么样的统计性质？

因此，本章的研究目的与动机是解决并回答以上几个问题。同时考虑近年来频繁爆发的金融危机对美国股票市场的影响，本章的实证数据取自于 2005 年 1 月 3 日至 2012 年 8 月 31 日美国标准普尔 500 指数的 462 只成份股的日收盘价格序列。具体地，分别通过皮尔森相关系数法与 DCCA 系数法构建 462 只股票的实证关联性矩阵，然后结合 RMT 来分析美国股票市场关联性矩阵的统计性质。与此同时，也采用 RMT 分析了不同时间尺度下关联性矩阵的统计性质。

5.2 实 证 数 据

与拉卢等（Laloux et al.，1999）的研究相似，本章选取美国股票市场标准普尔 500 指数的成份股作为研究对象，其中标准普尔 500 指数是美国股票市场三大股指之一，与道琼斯工业平均股票指数（DJIA）相比，它具有采样面广、代表性强、精确度高、连续性好等优点。具体地，实证数据的时间跨度为 2005 年 1 月 3 日至 2012 年 8 月 31 日，考虑部分股票数据的缺失，在 500 只成份股中选取了其中的 462 只股票。

所有股票的日收盘价格序列取自于美国雅虎财经网站（http：// finance. yahoo. com），数据收集于 2012 年 9 月 1 日至 2012 年 9 月 3 日，也就是说标准普尔 500 股指成份股的信息是以 2012 年 9 月 1 日前调整的最新版本为准。在所分析的时间段内，爆发了始于 2007 年的美国次贷危机、2008 年的全球金融危机以及 2009 年 12 月的欧债危机。股票 i 在第 t 天的收益率 $r_i(t)$ 定义为 $P_i(t)$ 与 $P_i(t-1)$ 之间的对数差分，即：

$$r_i(t) = \ln P_i(t) - \ln P_i(t-1) \qquad (5.4)$$

其中：$P_i(t)$ 为股票 i 在第 t 天的日收盘价格，每只股票收益率包含了

1931 个观测值。

5.3　多尺度关联性系数法与随机矩阵理论

由于多尺度关联性系数法（即 DCCA 系数法）与随机矩阵理论已在 2.3.1 小节与 2.3.3 小节分别作过介绍，此处仅对这两个研究方法作简单的回顾。

对于任意给定的两个股票收益率序列 $\{r_i(t)\}$ 与 $\{r_j(t)\}$，其中 $t = 1, 2, \cdots, T$，DCCA 系数定义为降趋势协方差函数 $F^2_{\mathrm{DCCA}}(s)$ 与两个降趋势方差函数 $F_{\mathrm{DFA}}(s)$ 的比值（Zebende，2011），即：

$$\rho_{ij}(s) = \frac{F^2_{\mathrm{DCCA}}(s)}{F_{\mathrm{DFA}_{\{r_i(t)\}}}(s) F_{\mathrm{DFA}_{\{r_j(t)\}}}(s)} \tag{5.5}$$

其中：通过式（2.6）可计算得到 $F_{\mathrm{DFA}_{\{r_i(t)\}}}(s)$ 与 $F_{\mathrm{DFA}_{\{r_j(t)\}}}(s)$，它们分别代表时间序列 $\{r_i(t)\}$ 与 $\{r_j(t)\}$ 的降趋势方差函数。

对于给定长度均为 L 的 N 只股票收益率序列，通过皮尔森相关系数 C_{ij} 与 DCCA 系数 $\rho_{ij}(s)$ 分别构建相应的实证关联性矩阵 $\mathbf{C}$，在本章中 $N = 462$，$L = 1931$。

分解实证关联性矩阵得到矩阵的特征值 λ_k 与特征向量 $\mathbf{u}_k$，其中 $k = 1, 2, \cdots, N$，并且特征值按照从小到大的顺序进行排列，即 $\lambda_1 < \lambda_2 < \cdots < \lambda_N$。实证关联性矩阵 $\mathbf{C}$ 的特征值的概率密度分布定义为：

$$P_C(\lambda) = \frac{1}{N} \frac{\mathrm{d}n(\lambda)}{\mathrm{d}\lambda} \tag{5.6}$$

其中：$n(\lambda)$ 表示矩阵 $\mathbf{C}$ 中特征值小于 λ 的个数。相应地，对于给定

的 $N \times N$ 随机矩阵 $\mathbf{R}$，当 $N \to \infty$，$L \to \infty$ 时，且 $Q \equiv L/N (\geqslant 1)$ 固定时，随机矩阵 $\mathbf{R}$ 的特征值的概率密度分布 $P_R(\lambda)$ 服从马尔琴科－帕斯图尔分布（Plerou et al.，2002），即：

$$P_R(\lambda) = \frac{Q}{2\pi\sigma^2} \frac{\sqrt{(\lambda_+ - \lambda)(\lambda - \lambda_-)}}{\lambda}, \lambda \in [\lambda_-, \lambda_+] \quad (5.7)$$

$$\lambda_\pm = \sigma^2 (1 + 1/Q \pm 2\sqrt{1/Q}) \quad (5.8)$$

RMT 预测所有的实证特征值都落在区间 $[\lambda_-, \lambda_+]$ 里，如果实证关联性矩阵 $\mathbf{C}$ 的特征值超出了这个区间，则表明实证特征值偏离了 RMT 的边界并携带了一些真实的信息（Çukur et al.，2007）。

5.4 基于多尺度随机矩阵的市场内部关联性实证研究

本节首先通过皮尔森相关系数与 DCCA 系数构建对应的实证关联性矩阵，然后结合随机矩阵理论来研究美国股票市场关联性矩阵的统计性质。本节后半部分将采用 C_{ij} 代表皮尔森相关系数，$\bar{\rho}_{ij}$ 代表 DCCA 系数，它为 $\rho_{ij}(s)$ 的平均值，即 $\bar{\rho}_{ij} = \langle \rho_{ij} \rangle$，同时给出了不同时间尺度下关联性矩阵的统计性质。

5.4.1 关联性系数的统计分析

本节主要研究实证关联性矩阵 $\mathbf{C}$ 的元素序列 $\{C_{ij}; i \neq j\}$ 与 $\{\bar{\rho}_{ij}; i \neq j\}$ 的概率密度分布（PDF）$P(C_{ij})$ 与 $P(\bar{\rho}_{ij})$ 的统计性质。图 5.1 给出

了这两个序列的概率密度分布图，可以发现两个分布的左尾部分重合，表明两个关联性系数存在相同的线性因素。表 5.1 给出了关联性系数 $\{C_{ij}; i \neq j\}$ 与 $\{\bar{\rho}_{ij}; i \neq j\}$ 的描述性统计量。尽管两个分布的偏度与峰度分别接近于 0 与 3，但是它们的哈尔克－贝拉（Jarque-Bera）统计量在 1% 水平下拒绝服从正态分布的原假设，说明这两个关联性系数序列具有"尖峰厚尾"的特性。

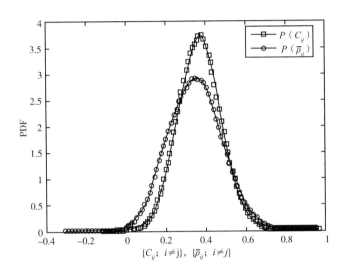

图 5.1　关联性系数 $\{C_{ij}; i \neq j\}$ 与 $\{\bar{\rho}_{ij}; i \neq j\}$ 的概率密度分布

表 5.1　　关联性系数 $\{C_{ij}; i \neq j\}$ 与 $\{\bar{\rho}_{ij}; i \neq j\}$ 的描述性统计量

统计量	C_{ij}	$\bar{\rho}_{ij}$
均值	0.3703	0.3460
最大值	0.9146	0.9039
最小值	−0.0736	−0.2531
标准差	0.1133	0.1335
偏度	0.0677	0.0136
峰度	3.5555	2.9511
Jarque-Bera 值	1.4504×10^3 ***	13.9066 ***

注：哈尔克－贝拉统计量的原假设是样本序列服从正态分布。*** 表示在 1% 水平上显著。

从图5.1中可以发现，这两个分布并不相同，表明非线性互相关系数与线性互相关系数存在着差异性，具体总结如下：一是尽管两个分布 $P(C_{ij})$ 与 $P(\bar{\rho}_{ij})$ 都是右偏的，但是 $P(\bar{\rho}_{ij})$ 相比于 $P(C_{ij})$ 更右偏一些，具有更长的右尾；二是 $P(C_{ij})$ 的峰度要高于 $P(\bar{\rho}_{ij})$。

从表5.1与图5.1可以看出，两个方法得到的关联性系数的平均值都要大于0.34，显著大于普鲁等（2002）得到的结果（最大值为0.18），这说明美国股票市场近年来的关联性或者交互行为要显著地强于以前。

进一步分析不同时间尺度下关联性系数 $\{\rho_{ij}(s);i\neq j\}$ 的概率密度分布 $P(\rho_{ij})$ 及其描写性统计量，具体的结果如图5.2和图5.3所示。可以发现，不同时间尺度下的 $P(\rho_{ij})$ 是以正数为中心的非对称分布，它与 $P(C_{ij})$ 与 $P(\bar{\rho}_{ij})$ 的分布情况相类似，表明在美国股票市场中股

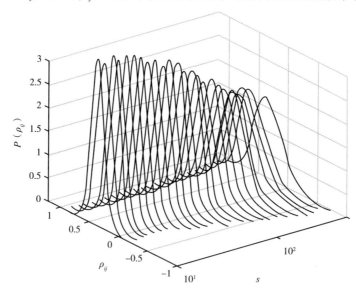

图5.2　不同时间尺度下关联性系数 $\{\rho_{ij}(s);i\neq j\}$ 的概率密度分布

票之间的正相关性要比负相关性更普遍。关联性系数 $\{\rho_{ij}(s);i\neq j\}$ 的标准差随时间尺度的增大而增大，表明在大的时间尺度下股票之间的交互性呈现出大的波动。从图 5.3 可以看出，$\{\rho_{ij}(s);i\neq j\}$ 的峰度随时间尺度而呈递减的趋势。另外，从图 5.2 与图 5.3 可以同时发现，随着时间尺度的增大，$P(\rho_{ij})$ 的右尾趋势越来越明显，特别是当时间尺度 $s>100$ 时。

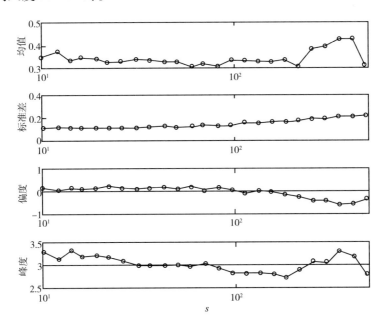

图 5.3　不同时间尺度下关联性系数 $\{\rho_{ij}(s);i\neq j\}$ 的描述性统计量

5.4.2　特征值的统计分析

5.4.2.1　模拟数据的特征值分布

由于不清楚 DCCA 系数所构建的完全随机矩阵 **R** 的理论特征值分布是否服从马尔琴科 – 帕斯图尔分布，因此在分析实证数据的特征值分布之前，需要先对模拟数据所构成的随机矩阵进行特征值的统计分析。具体是生成长度为 $L = 1931$ 的 $N = 462$ 个互不相关的随机时间序列，然后基于皮尔森相关系数 C_{ij} 与 DCCA 系数 $\bar{\rho}_{ij}$ 分别构建了两个模拟的随机矩阵 **S**，其特征值分布 $P_S(\lambda)$ 如图 5.4 所示。

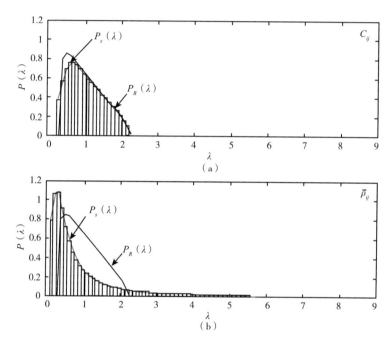

图 5.4 模拟随机矩阵的特征值分布 $P_S(\lambda)$

注：子图（a）与（b）分别代表皮尔森相关系数 C_{ij} 与 DCCA 系数 $\bar{\rho}_{ij}$，其中实线 $P_R(\lambda)$ 代表 RMT 预测的理论特征值分布，即式（5.7）。

从图 5.4（a）可以发现，通过 C_{ij} 构建的模拟随机矩阵的特征值分布 $P_S(\lambda)$ 与 RMT 预测的特征值分布 $P_R(\lambda)$ 相吻合，此外，K - S 检验在 5% 水平下不能拒绝模拟的特征值分布 $P_S(\lambda)$ 服从马尔琴科 - 帕斯图尔分布的原假设。然而，$\bar{\rho}_{ij}$ 所对应的特征值分布 $P_S(\lambda)$（见图 5.4（b）），与 RMT 预测的特征值分布 $P_R(\lambda)$ 存在显著的差异，同时 K - S

检验在 5% 水平下拒绝特征值分布 $P_S(\lambda)$ 与 $P_R(\lambda)$ 为同一分布的原假设。因此，对于 DCCA 系数法所构建的实证关联性矩阵采用马尔琴科－帕斯图尔分布来分析其特征值分布是不合理的。

对于 DCCA 系数法而言，尽管不能确定其理论特征值分布，但是可以从统计的角度来构建随机矩阵并得到具有统计意义的特征值分布。为此，通过 $\bar{\rho}_{ij}$ 法生成并构建了 1000 个模拟的随机矩阵，并计算得到它们的平均特征值分布，如图 5.5（b）所示。

为了便于区分，本节将 DCCA 系数法所对应的模拟随机矩阵的特征值分布记为 $P'_R(\lambda)$。同时，得到该模拟随机矩阵的极小特征值与极大特征值分别为 $\lambda'_- = 0.0823$，$\lambda'_+ = 8.1561$。因此，可以比较与分析实证关联性矩阵与模拟随机矩阵的特征值分布的异同点。

5.4.2.2 实证数据的特征值分布

基于美国股票市场标准普尔 500 指数 462 只成分股的实证数据，已知 $N = 462$，$L = 1931$，则 $Q = L/N = 4.1797$，因此可以根据式（5.8）计算得到 RMT 所预测的极小与极大特征值，即 $\lambda_- = 0.2610$ 与 $\lambda_+ = 2.2175$。

图 5.5（a）与（b）分别给出了两个实证关联性矩阵 **C** 的特征值分布 $P_C(\lambda)$。为了方便对比分析，图 5.5 相应地给出了 RMT 所预测的特征值分布 $P_R(\lambda)$ 以及模拟随机矩阵的特征值分布 $P'_R(\lambda)$，可以发现，两个方法得到的最大特征值 λ_{462} 都要分别显著大于 RMT 所预测的极大特征值 λ_+ 与 λ'_+。具体地，λ_{462} 要比 λ_+ 大 80 倍，而比 λ'_+ 大 21 倍。由皮尔森相关系数法得到的结果表明，在所分析的时间段内最大特征值所携带的市场信息要多于 5.1 节所述文献所得到的结果（Laloux et al.，1999；Plerou et al.，1999；Plerou et al.，2002；Utsugi et al.，2004）。

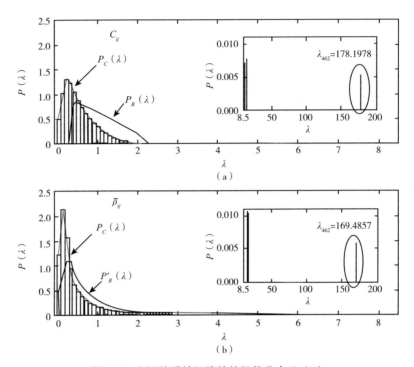

图 5.5　实证关联性矩阵的特征值分布 $P_C(\lambda)$

注：子图（a）与（b）分别代表皮尔森相关系数 C_{ij} 与 DCCA 系数 $\overline{\rho}_{ij}$，其中子图（a）中实线 $P_R(\lambda)$ 代表 RMT 预测的理论特征值分布，即式（5.7），而子图（b）中实线 $P'_R(\lambda)$ 代表模拟随机矩阵的特征值分布。各子图中嵌入的小图代表特征值 $\lambda > 8.5$ 的分布情况。

　　另外，拉卢等（1999）与普鲁等（1999）发现实证关联性矩阵约 94% 的特征值落在 RMT 所预测的范围，而只有 6% 的特征值偏离于 RMT 所预测的区间。然而，从图 5.5 中发现，只有一部分的特征值落在 RMT 所预测的区间 $[\lambda_-, \lambda_+]$ 或模拟随机矩阵的区间 $[\lambda'_-, \lambda'_+]$。

　　在图 5.6 中，给出了特征值按幅度大小排序的结果，其中图中阴影部分代表落入区间 $[\lambda_-, \lambda_+]$ 或 $[\lambda'_-, \lambda'_+]$ 的特征值结果。在此，引入 3 个测度来度量不同区间内特征值的个数，即：

$$N_{\lambda < \lambda_-} = \#\{\lambda \,|\, \lambda < \lambda_-\} \qquad (5.9)$$

$$N_{\lambda_- \leqslant \lambda \leqslant \lambda_+} = \#\{\lambda \,|\, \lambda_- \leqslant \lambda \leqslant \lambda_+\} \qquad (5.10)$$

$$N_{\lambda > \lambda_+} = \#\{\lambda \,|\, \lambda > \lambda_+\} \qquad (5.11)$$

其中：#表示集合中元素的个数，$N_{\lambda < \lambda_-}$、$N_{\lambda_- \leqslant \lambda \leqslant \lambda_+}$、$N_{\lambda > \lambda_+}$分别表示特征值 λ 满足 $\lambda < \lambda_-$、$\lambda_- \leqslant \lambda \leqslant \lambda_+$、$\lambda > \lambda_+$ 的个数。相应地，3 个测度所对应的比值分别定义为 $N_{\lambda < \lambda_-}$、$N_{\lambda_- \leqslant \lambda \leqslant \lambda_+}$、$N_{\lambda > \lambda_+}$ 与 N 的百分比。

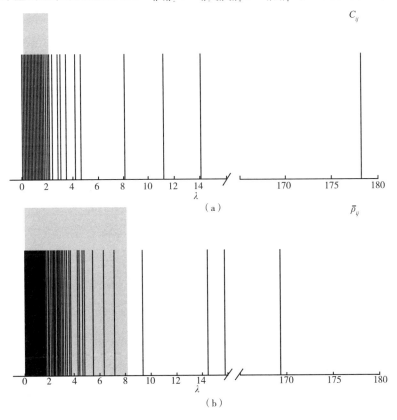

图 5.6 实证关联性矩阵的特征值按幅度大小排序

注：子图 (a) 与 (b) 分别代表皮尔森相关系数 C_{ij} 与 DCCA 系数 $\bar{\rho}_{ij}$。

表 5.2 给出了 $N_{\lambda < \lambda_-}$、$N_{\lambda_- \leqslant \lambda \leqslant \lambda_+}$、$N_{\lambda > \lambda_+}$ 及其比值的结果[①]。对于皮尔森相关系数，只有 64.94% 的特征值落在 RMT 所预测的范围 $[\lambda_-, \lambda_+]$，而对于 DCCA 系数法，大概有 77.49% 的特征值落在模拟随机矩阵所预测的范围 $[\lambda'_-, \lambda'_+]$，都小于拉卢等（1999）与普鲁等（1999）所得 94% 的结果，这表明现阶段美国股票市场内部交互的随机噪声要明显少于 20 世纪 90 年代。

表 5.2 不同区间内特征值的个数及其比值

相关系数	$\lambda < \lambda_-$		$\lambda_- \leqslant \lambda \leqslant \lambda_+$		$\lambda > \lambda_+$	
	$N_{\lambda < \lambda_-}$	$R_{\lambda < \lambda_-}$	$N_{\lambda_- \leqslant \lambda \leqslant \lambda_+}$	$R_{\lambda_- \leqslant \lambda \leqslant \lambda_+}$	$N_{\lambda > \lambda_+}$	$R_{\lambda > \lambda_+}$
C_{ij}	151	32.68%	300	64.94%	11	2.38%
$\bar{\rho}_{ij}$	100	21.65%	358	77.49%	4	0.86%

图 5.7 给出了不同时间尺度下关联性矩阵的特征值按幅度大小排序的结果。从图中可以发现，最大特征值 λ_{462} 落在区间（150，220），近似大于模拟随机矩阵的极大特征值 λ'_+ 的 18～27 倍，从而表明不同时间尺度下实证关联性矩阵的最大特征值含有大量的市场信息。

5.4.3 特征向量的统计分析

在随机矩阵理论中，特征向量 $\mathbf{u}_k$ 的元素 $\{u_k(l) \mid l = 1, 2, \cdots, N\}$ 服从标准正态分布 $N(0,1)$（Plerou et al.，1999），即：

$$P_R(u) = \frac{1}{\sqrt{2\pi}} \exp\left(-\frac{u^2}{2}\right) \tag{5.12}$$

---

① 对于 DCCA 系数法 $\bar{\rho}_{ij}$，这三个测度及其比值应分别定义为 $N_{\lambda < \lambda'}$、$N_{\lambda'_- < \lambda < \lambda'_+}$、$N_{\lambda > \lambda'_+}$、$R_{\lambda < \lambda'}$、$R_{\lambda'_- < \lambda < \lambda'_+}$、$R_{\lambda > \lambda'_+}$。简单起见，统一表达如表 5.2 所示。

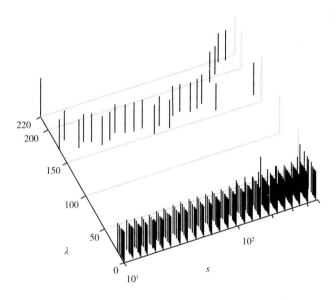

图5.7 不同时间尺度下实证关联性矩阵的特征值按幅度大小排序

图5.8（a）与（b）给出了皮尔森相关系数法所对应的两个特征
向量元素的概率密度分布 $P(u)$，它们所对应的特征值分别为 $\lambda_{430} \in$
$[\lambda_-, \lambda_+]$ 与最大特征值 λ_{462}。图5.8（c）与（d）给出了 DCCA 系数
法所对应的结果。从图5.8（a）与（c）可以发现，落入 RMT 预测范
围内的特征值（即 $\lambda \in [\lambda_-, \lambda_+]$ 或 $\lambda \in [\lambda'_-, \lambda'_+]$）所对应的特征向量
元素分布 $P(u)$ 与式（5.12）的预测结果相符。相对于图5.8（a），图
5.8（c）中 $P(u)$ 更接近于标准正态分布。然而，从图5.8（b）与
（d）可以发现：（1）偏离于 RMT 预测范围内的特征值（即最大特征
值 λ_{462}）所对应的特征向量元素分布 $P(u)$ 并不服从标准正态分布。
（2）$\mathbf{u}_{462}$ 的元素都具有相同的方向，即都大于0，使得它的分布 $P(u)$ 偏
向一边。以上结果表明对于特征值 λ_{462} 所对应的特征向量 $\mathbf{u}_{462}$，它所含
的元素（股票）在向量中都具有一定贡献度，同时也说明特征向量
$\mathbf{u}_{462}$ 隐含着某个共同的因素并以相同的方向影响或决定着向量中所有的

元素（股票）。普鲁等（2002）给出的论断是，最大特征值及其特征向量是对整个市场的聚集反应，而某个共同的因素实际上就是市场行为，也称市场因子。为了验证这一论断，首先通过构建 462 只股票收益率 r_i (t)（见式（5.1））与特征向量 $\mathbf{u}_k$ 的资产组合 $r^k(t)$，然后将其与代表美国股票市场的标准普尔 500 股指进行比较分析。股票收益率 $r_i(t)$ 与特征向量 $\mathbf{u}_k$ 的资产组合 $r^k(t)$ 定义为：

$$r^k(t) = \sum_{i=1}^{462} u_k(i)r_i(t) \qquad (5.13)$$

其中：$r^k(t)$ 记为资产组合的收益率，$u_k(i)$ 代表向量 $\mathbf{u}_k$ 的第 i 个元素，也即第 i 个股票在资产组合 $r^k(t)$ 中的权重。

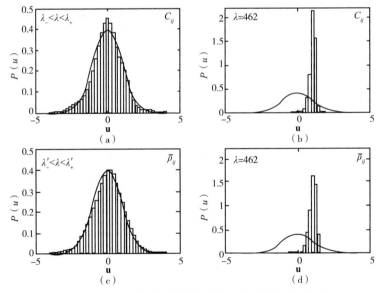

图 5.8　实证关联性矩阵的特征向量元素的分布 $P(u)$

注：子图（a）与（b）代表皮尔森相关系数 C_{ij}，而子图（c）与（d）则代表 DCCA 系数 $\bar{\rho}_{ij}$，其中子图（a）与（c）中特征向量所对应的特征值为 $\lambda_- < \lambda < \lambda_+$，此处为 λ_{430}；子图（b）与（d）中特征向量所对应的特征值为 λ_{462}。各子图中实线代表标准正态分布。

接下来，本节采用金融学中最经典的单因素模型，即资产定价模型（CAPM）来解释普鲁等（2002）给出的论断。相应地，CAPM 定义为：

$$r_i(t) = \alpha_i + \beta_i r_M(t) + \varepsilon_i(t) \qquad (5.14)$$

其中：$r_M(t)$ 代表市场因素，此处为标准普尔 500 股指的收益率，它包含了所有股票共同的信息，即市场风险 β_i，α_i 与 β_i 可通过最小二乘法拟合得到，$\varepsilon_i(t)$ 为残差项。

为了方便比较分析，本节通过式（5.13）构建了两个资产组合 $r^{350}(t)$ 与 $r^{462}(t)$，并基于式（5.14）估计得到它们与标准普尔 500 股指之间的系数 β，其中资产组合 $r^{350}(t)$ 与 $r^{462}(t)$ 分别由特征向量 $\mathbf{u}_{350}$ 与 $\mathbf{u}_{462}$ 所构建。$\mathbf{u}_{350}$ 是特征值 λ_{350} 所对应的特征向量，其中 λ_{350} 属于 RMT 预测范围内的特征值。图 5.9（a）与（b）（代表 C_{ij} 的结果）分别给出了两个资产组合 $r^{350}(t)$ 与 $r^{462}(t)$ 的归一化收益率与标准普尔 500 股指归一化收益率 $r_{SP}(t)$ 的回归结果。图 5.9（c）与（d）给出了 DCCA 系数法所对应的结果。从图 5.9（b）与（d）可以看出，标准普尔 500 股指与资产组合 $r^{462}(t)$ 之间的 β 值分别为 0.9868 与 0.9855，都约等于 0.99 接近于 1，一方面表明所构建的资产组合能很好地还原出市场指数中各成分股的权重，另一方面表明最大特征向量 $\mathbf{u}_{462}$ 确实含有共同的市场因素。然而，从图 5.9（a）与（c）中可以发现，标准普尔 500 股指与资产组合 $r^{350}(t)$ 之间的 β 值都接近于 0，表明来自 RMT 所预测范围内的特征值及其特征向量与市场指数不存在相关性，相关投资者可以采用这样的资产组合来规避市场行为或者市场的影响。图 5.10 给出了不同时间尺度下最大特征向量 $\mathbf{u}_{462}$ 所对应的 β 值，其中最小与最大的 β 值分别为 0.9844 与 0.9836，都接近于 1, 从而在不同时间尺度下证实普鲁等（2002）的论断。另外, 从图 5.10 中可以发现, β 值的整体趋势是随时间尺度的增加而减小, 表明资产组合与市场的相关性随尺度的增加而减弱。

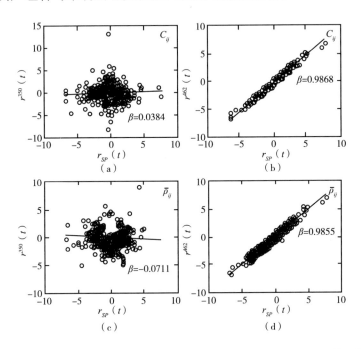

图 5.9　归一化组合收益率与归一化标准普尔 500 指数收益率的线性回归

注: 子图（a）与（b）代表皮尔森相关系数 C_{ij}, 而子图（c）与（d）则代表 DCCA 系数 $\bar{\rho}_{ij}$, 其中子图（a）与（c）中归一化组合收益率所对应的特征向量为 $\mathbf{u}_{350}$; 子图（b）与（d）中归一化收益率所对应的特征向量为 $\mathbf{u}_{462}$。各子图中实线为线性拟合曲线。

5.4.4　反参与比率分析

本节引入反参与比率（IPR）的概念来度量向量元素在向量中的贡献情况, 其值越大表明有贡献的向量元素越少。IPR 也用来刻画特

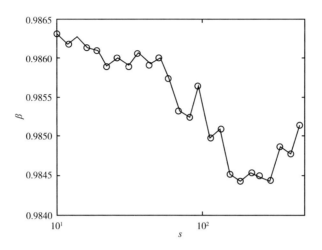

图 5.10　不同时间尺度下的 β 值

征向量偏离随机矩阵理论预测值的程度，IPR 越大，特征向量偏离程度越小。对于每个特征向量 $\mathbf{u}_k$，IPR 定义如下（Plerou et al.，2002）：

$$I_k = \sum_{l=1}^{N} \left[\, u_k(l)\,\right]^4 \qquad (5.15)$$

其中：$u_k(l)$ 是特征向量 $\mathbf{u}_k$ 的第 l 个向量元素。

I_k 存在两种极限情况：一是如果特征向量 $\mathbf{u}_k$ 中所有元素都相等，且 $u_k(l) = 1/\sqrt{N}$，则有 $I_k = 1/N$；二是如果特征向量 $\mathbf{u}_k$ 中存在某一元素 $u_k(l) = 1$，而其余元素为 0，则有 $I_k = 1$。因此，IPR 可以用来描述特征向量元素个数的倒数是否显著不为 0。相应地，参与比率定义为反比参与率的倒数值，即 $1/I_k$。在随机矩阵理论里，IPR 的均值定义为：

$$\langle I_k \rangle = N \int_{-\infty}^{\infty} \left[\, u_k(l)\,\right]^4 \frac{1}{\sqrt{2\pi N}} \exp\left(-\frac{\left[\, u_k(l)\,\right]^2}{2N}\right) \mathrm{d}u_k(l) = \frac{3}{N}$$

$$(5.16)$$

图 5.11（a）与（b）分别给出了两个方法的反参与比率（IPR）

与其对应特征值的双对数图，其中各子图中的实线代表 IPR 的均值 $\langle I_k \rangle = 3/N \approx 6.5 \times 10^{-3}$。可以发现，实证关联性矩阵的最大特征值 λ_{462} 所对应的反参与比率是最小的，而对应的参与比率值最大。具体地，对于 C_{ij} 与 $\bar{\rho}_{ij}$，最大特征值所对应的参与比率（PR）值分别为 $1/I_{462} \approx 412$ 与 $1/I_{462} \approx 394$，表明绝大多数向量元素（股票）在最大特征向量中都有贡献，即有很强的参与性。

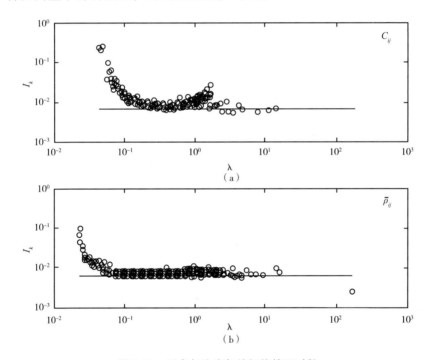

图 5.11 反参与比率与特征值的双对数

注：各子图中实线表示 RMT 所预测的 IPR 值，即为 IPR 的均值 $\langle I_k \rangle = 3/N \approx 6.5 \times 10^{-3}$。

图 5.12 给出了不同时间尺度下最大特征向量的参与比率值，即 $1/I_{462}$，其值的范围为（350，410），表明不同时间尺度下最大特征向量元素的参与程度都很大。另外，参与比率值随时间尺度的增大而减小，表明最大特征向量元素的参与个数随时间尺度的增大而减小。普

鲁等（2002）认为，如果某个特征向量的 IPR 值显著大于均值$\langle I_k \rangle$，则表明只有少数向量元素（股票）对该向量有贡献，认为该向量是局部化的。从图 5.11（a）中（代表 C_{ij} 的结果）可以看出，对于大多数分别偏离于 RMT 上界 λ_+ 与下界 λ_- 的大特征值与小特征值，它们的 IPR 值都显著大于均值$\langle I_k \rangle$；而对于 $\bar{\rho}_{ij}$（见图 5.11（b）），只有那些小于 RMT 下界 λ_- 的小特征值所对应的 IPR 值显著大于均值$\langle I_k \rangle$，表明大于 RMT 上界的那些大特征值所对应的特征向量元素在向量中具有很大的贡献度或者参与度。为了定量地比较 C_{ij} 与 $\bar{\rho}_{ij}$ 的 IPR 值，本节引入测度$\#\{I_k | I_k < \langle I_k \rangle\}$，它表示 $I_k < \langle I_k \rangle$ 的个数。计算得到 C_{ij} 与 $\bar{\rho}_{ij}$ 的$\#\{I_k | I_k < \langle I_k \rangle\}$值分别为 13 与 60，表明皮尔森相关系数法得到的特征向量比 DCCA 系数法更局部化。图 5.13 给出了不同时间尺度下 $I_k < \langle I_k \rangle$ 的个数。与 β 值以及 $1/I_{462}$ 不同，$\#\{I_k | I_k < \langle I_k \rangle\}$的整体趋势随时间尺度的增大而递增。

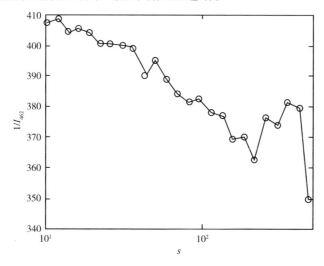

图 5.12 不同时间尺度下最大特征向量的参与比率 $1/I_{462}$ 值

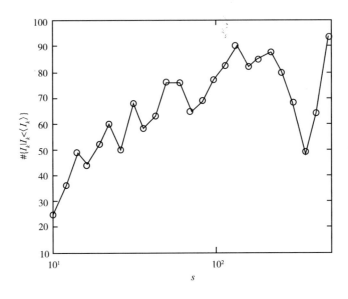

图 5.13　不同时间尺度下 $I_k < \langle I_k \rangle$ 的个数

5.4.5　市场因子的滤波分析

从图 5.11 中还可以发现，部分处于 RMT 预测范围的特征值所对应的 IPR 值要小于均值 $\langle I_k \rangle$，表明 RMT 预测范围内的特征值及其特征向量并非全部是随机噪声。有研究发现，通过移除市场因子发现 RMT 预测范围内的特征值并非为单纯的随机噪声而携带着某些信息（Kwapień et al.，2006）。另外，市场因子的存在，会覆盖或者吸收掉部分数据存在的异常波动，从而影响特征值的分布。为此，本节通过移除实证关联性矩阵的市场因子，即进行市场因子的滤波来证实上述论断。基于本书 5.4.3 小节的分析，首先采用资产组合 $r^{462}(t)$ 近似代替式（5.13）中的市场因子项 $r_M(t)$，然后可通过式（5.13）中的残差项 $\varepsilon_i(t)$ 构建两个去除了市场因子的关联性矩阵，即滤波关联性

矩阵 $\mathbf{C}^{\text{filtered}}$，其中矩阵元素分别为 C_{ij}^{filtered} 与 $\bar{\rho}_{ij}^{\text{filtered}}$。图 5.14 给出了滤波关联性矩阵 $\mathbf{C}^{\text{filtered}}$ 的元素 $\{C_{ij}^{\text{filtered}};i\neq j\}$ 与 $\{\bar{\rho}_{ij}^{\text{filtered}};i\neq j\}$ 的分布 $P(C_{ij}^{\text{filtered}})$ 与 $P(\bar{\rho}_{ij}^{\text{filtered}})$。注意到移除市场因子之后，两个互相关系数序列的分布转移到以 0 为中心点，即滤波之后的互相关系数序列的均值要显著小于原始的互相关系数序列（见图 5.1 与表 5.1），从而表明原始关联性矩阵存在的强相关性受到市场因子的影响。

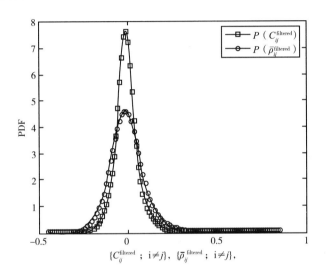

图 5.14　关联性系数 $\{C_{ij}^{\text{filtered}};i\neq j\}$ 与 $\{\bar{\rho}_{ij}^{\text{filtered}};i\neq j\}$ 的概率密度分布（PDF）

进一步地，计算得到两个滤波关联性矩阵 $\mathbf{C}^{\text{filtered}}$ 的特征值分布 $P_{C^{\text{filtered}}}(\lambda)$，其结果如图 5.15 所示。此时，两个滤波后的最大特征值 $\lambda_{462}^{\text{filtered}}$ 远远小于原始的最大特征值 λ_{462}，但是仍然分别大于极大特征值 λ_+ 与 λ'_+ 的 11 倍与 3 倍。与图 5.5 中特征值的分布相比，此时更多的特征值落在 RMT 或者模拟随机矩阵所预测的范围内。具体地，大概分别有 80.52% 与 89.18% 的特征值落在区间 $[\lambda_-,\lambda_+]$ 与 $[\lambda'_-,\lambda'_+]$。以上结果表明市场因子强烈地影响着两个方法所构建的关联性矩阵的特征值分布，间接地说明落在 RMT 预测范围内的实证特征值并不是单纯的随机噪声而携带了某些信息，此外也表明还存在其他的因素影响互相关系数的分布以及特征值的分布，比如部门因子（Plerou et al.，2002；Jiang and Zheng，2012）。

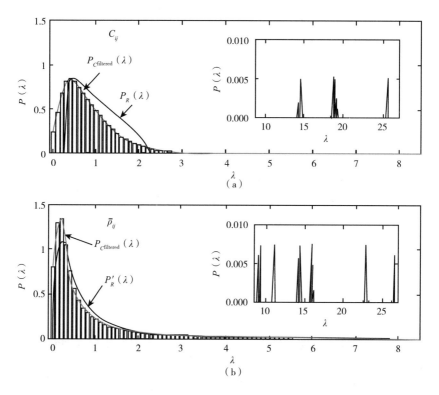

图 5.15　滤波关联性矩阵的特征值分布 $P_{C\text{filtered}}(\lambda)$

5.4.6　研究结果

本章使用两个不同的方法，即皮尔森相关系数法与 DCCA 系数法构建了实证关联性矩阵，并结合随机矩阵理论分析了美国股票市场关联性矩阵的统计性质。具体以标准普尔 500 指数 462 只成分股在 2005 年 1 月 3 日至 2012 年 8 月 31 日的日收益率为实证研究对象。在实证分析中,研究了关联性系数的统计性质、特征值的统计分布、特征向量元素的统计分布、反参与比率、市场因子的滤波分析等。同时也研究了不同时间尺度下关联性矩阵的统计性质。

通过研究美国股票市场内部股票之间的关联性,本章得到了与以前研究不同的研究结论,具体总结如下:

(1)实证关联性矩阵的最大特征值要比 RMT 预测的极大特征值大 80 倍,移除市场因子之后,最大特征值仍比极大特征值大 11 倍,一方面表明最大特征值携带着市场信息,另一方面表明市场行为影响着整个关联性矩阵特征值的分布。

(2)落入 RMT 所预测范围内的特征值要远少于拉卢等(1999)与普鲁等(1999)所研究美国股市在 20 世纪 90 年代的结果。这种现象仍然发生在市场因子过滤之后,表明现阶段美国股票市场关联性矩阵含有的随机噪声成分比以前要少。

(3)两个方法估计得到的 β 值都近似等于 0.99,要大于普鲁等(2002)得到的结果 0.85。本章的研究结果与早期文献不同的原因可能是,一方面,随着经济与科学技术的快速发展,不同公司之间的相互合作越来越紧密,导致美国股票市场的关联性越来越显著。市场关联性程度越高,对应的关联性矩阵的特征值就越大。因此,最大特征值及其特征向量的资产组合所携带的市场信息就越多。另一方面,大量文献表明大的市场震荡与金融危机常常导致金融市场内外出现较强的联动效应以及交互作用。在本章所研究的样本时间段内,爆发了 2007 年的美国次贷危机、2008 年的全球金融危机、2009 年的欧债危机,因此它们有可能导致美国股票市场股票间呈现出较强的关联性。

基于上述（1）与（2）的结果，本书证实了市场因素显著地影响特征值的分布，并发现落在 RMT 预测范围内的实证特征值并不是单纯的随机噪声而携带了某些信息。

上述三点结果总结了皮尔森相关系数法与 DCCA 系数法的相似点，下面将给出这两个方法的相异点，并回答在本书 5.1 节中提出的三个问题：

（1）尽管 DCCA 系数具有许多特殊性质，比如非线性、多尺度解特性，但是它所对应的完全随机矩阵的理论特征值分布并不是马尔琴科－帕斯图尔分布。因此，使用 DCCA 系数法与 RMT 进行关联性分析时应当谨慎。

（2）研究发现 DCCA 系数法与皮尔森相关系数法结合 RMT 分析时具有许多相似的结果与性质，比如最大特征值及其特征值向量的统计性质，而两个方法最大的不同就是 DCCA 系数法所对应的随机矩阵的理论分布并不服从马尔琴科－帕斯图尔分布。另外，两个方法构建的实证关联性矩阵的特征值分布也存在不同。

（3）由 DCCA 系数法所构建的关联性矩阵，它在不同时间尺度下呈现出不同的统计性质，比如特征值的分布、反参与比率等，这将有利于资产的风险管理以及最优资产组合的选择，特别是资产组合的多样性。因此，求解出不同时间尺度下随机矩阵特征值的理论分布将是值得深入且非常重要的研究工作。

参 考 文 献

［1］ Aste T. , Shaw W. , Di Matteo T. Correlation structure and dynamics in volatile markets ［J］. *New Journal of Physics*, 2010, 12 （8）: 085009.

［2］ Boginski V. , Butenko S. , Pardalos P. M. Statistical analysis of financial networks ［J］. *Computational Statistics & Data Analysis*, 2005, 48 （2）: 431 - 443.

［3］ Boginski V. , Butenko S. , Pardalos P. M. Mining market data: A network approach ［J］. *Computers & Operations Research*, 2006, 33 （11）: 3171 - 3184.

［4］ Bolgorian M. , Gharli Z. A multifractal detrended fluctuation analysis of gold price fluctuations ［J］. *Acta Physica Polonica B*, 2011, 42 （1）: 159 - 169.

［5］ Bolgorian M. , Raei R. A multifractal detrended fluctuation analysis of trading behavior of individual and institutional traders in Tehran stock market ［J］. *Physica A*, 2011, 390 （21 - 22）: 3815 - 3825.

［6］ Buccheri G. , Marmi S. , Mantegna R. N. Evolution of correlation structure of industrial indices of U. S. equity markets ［J］. *Physical Review E*, 2013, 88 （1）: 012806.

[7] Cajueiro D. O. , Tabak B. M. Testing for time-varying long-range dependence in volatility for emerging markets [J]. *Physica A*, 2005, 346 (3 – 4): 577 – 588.

[8] Cao G. , Xu L. , Cao J. Multifractal detrended cross-correlations between the Chinese exchange market and stock market [J]. *Physica A*, 2012, 391 (20): 4855 – 4866.

[9] Casacuberta F. , Vidal E. , Rulot H. On the metric properties of dynamic time warping [J]. *IEEE Transactions on Acoustics, Speech and Signal Processing*, 1987, 35 (11): 1631 – 1633.

[10] Chen S. , Lee C. , Shrestha K. Futures hedge ratios: a review [J]. *The Quarterly Review of Economics and Finance*, 2003, 43 (3): 433 – 465.

[11] Clauset A. , Shalizi C. R. , Newman M. E. J. Power-law distributions in empirical data [J]. *SIAM Review*, 2009, 51 (4): 661 – 703.

[12] Conlon T. , Cotter J. An empirical analysis of dynamic multiscale hedging using wavelet decomposition [J]. *Journal of Futures Markets*, 2012, 32 (3): 272 – 299.

[13] Çukur S. , Eryiğit M. , Eryiğit R. Cross correlations in an emerging market financial data [J]. *Physica A*, 2007, 376: 555 – 564.

[14] Daly J. , Crane M. , Ruskin H. J. Random matrix theory filters in portfolio optimisation: A stability and risk assessment [J]. *Physica A*, 2008, 387 (16 – 17): 4248 – 4260.

[15] Dias A. , Embrechts P. Modeling exchange rate dependence dynamics at different time horizons [J]. *Journal of International Money and Finance*, 2010, 29 (8): 1687 – 1705.

[16] Diks C. , Panchenko V. , van Dijk D. Out-of-sample comparison of copula specifications in multivariate density forecasts [J]. *Journal of Economic Dynamics and Control*, 2010, 34 (9): 1596 – 1609.

[17] Drożdż S. , Górski A. Z. , Kwapień J. World currency exchange rate cross-correlations [J]. *The European Physical Journal B*, 2007, 58 (4): 499 – 502.

[18] Ederington L. H. The hedging performance of the new futures markets [J]. *The Journal of Finance*, 1979, 34 (1): 157 – 170.

[19] Eom C. , Oh G. , Jung W. et al. Topological properties of stock networks based on minimal spanning tree and random matrix theory in financial time series [J]. *Physica A*, 2009, 388 (6): 900 – 906.

[20] Eterovic N. A. , Eterovic D. S. Separating the wheat from the chaff: Understanding portfolio returns in an emerging market [J]. *Emerging Markets Review*, 2013, 16: 145 – 169.

[21] Fidrmuc J. Time-varying exchange rate basket in China from 2005 to 2009 [J]. *Comparative Economic Studies*, 2010, 52 (4): 515 – 529.

[22] Frankel J. A. New estimation of China's exchange rate regime [J]. *Pacific Economic Review*, 2009, 14 (3): 346 – 360.

[23] Frankel J. A. , Wei S. Assessing China's exchange rate regime [J]. *Economic Policy*, 2007, 22 (51): 575 – 627.

[24] Frankel J. A. , Xie D. Estimation of de facto flexibility parameter and basket weights in evolving exchange rate regimes [J]. *American Economic Review*, 2010, 100 (2): 568 – 572.

[25] Gabaix X. Powerlaws in economics and finance [J]. *Annual Review of Economics*, 2009, 1 (1): 255 – 294.

[26] Gabaix X. , Gopikrishnan P. , Plerou V. et al. A theory of power-law distributions in financial market fluctuations [J]. *Nature*, 2003, 423 (6937): 267 –270.

[27] Ghosh D. , Dutta S. , Samanta S. Fluctuation of gold price: A multi-fractal approach [J]. *Acta Physica Polonica B*, 2012, 43 (6): 1261 –1274.

[28] Gilmore C. G. , Lucey B. M. , Boscia M. An ever-closer union? Examining the evolution of linkages of European equity markets via minimum spanning trees [J]. *Physica A*, 2008, 387 (25): 6319 –6329.

[29] Granger C. W. J. Some recent developments in a concept of causality [J]. *Journal of Econometrics*, 2001, 39 (1 –2): 199 –211.

[30] Grech D. , Mazur Z. Can one make any crash prediction in fiance using the local Hurst exponent idea [J]. *Physica A*, 2004, 336 (1 –2): 133 –145.

[31] Grech D. , Pamuła G. The local Hurst exponent of the financial time series in the vicinity of crashes on the Polish stock exchange market [J]. *Physica A*, 2008, 387 (16 –17): 4299 –4308.

[32] Gu G. F. , Zhou W. X. Detrending moving average algorithm for multifractals [J]. *Physical Review E*, 2010, 82 (1): 011136.

[33] Gu R. , Shao Y. , Wang Q. Is the efficiency of stock market correlated with multifractality? An evidence from the Shanghai stock market [J]. *Physica A*, 2013, 392 (2): 361 –370.

[34] He L. , Chen S. Are developed and emerging agricultural futures markets multifractal? A comparative perspective [J]. *Physica A*, 2010, 389 (18): 3828 –3836.

[35] He L. , Chen S. A new approach to quantify power-law cross-correlation and its application to commodity markets [J]. *Physica A*, 2011, 390 (21 –22): 3806 –3814.

[36] He L. , Chen S. Multifractal detrended cross-correlation analysis of agricultural futures markets [J]. *Chaos, Solitons & Fractals*, 2011, 44 (6): 355 –361.

[37] Hou Y. , Li S. Hedging performance of Chinese stock index futures: An empirical analysis using wavelet analysis and flexible bivariate GARCH approaches [J]. *Pacific-Basin Finance Journal*, 2013, 24: 109 – 131.

[38] Hu J. Dependence structures in Chinese and US financial markets: A time-varying conditional copula approach [J]. *Applied Financial Economics*, 2010, 20 (7): 561 –583.

[39] Huang W. , Zhuang X. , Yao S. A network analysis of the Chinese stock market [J]. *Physica A*, 2009, 388 (14): 2956 –2964.

[40] Hurst H. E. Long term storage capacity of reservoirs [J]. *Transactions of the American Society of Engineers*, 1951, 116: 770 –799.

[41] Ito T. China as Number One: How about the Renminbi? [J]. *Asian Economic Policy Review*, 2010, 5 (2): 249 –276.

[42] Jang W. , Lee J. , Chang W. Currency crises and the evolution of foreign exchange market: Evidence from minimum spanning tree [J]. *Physica A*, 2011, 390 (4): 707 –718.

[43] Jiang X. F. , Zheng B. Anti-correlation and subsector structure in financial systems [J]. *Europhysics Letters*, 2012, 97 (4): 48006.

[44] Jiang Z. Q. , Zhou W. X. Multifractal detrending moving-average

cross-correlation analysis [J]. *Physical Review E*, 2011, 84 (1): 016106.

[45] Joe H. , Xu J. J. The estimation method of inference functions for margins for multivariate models [R]. Working paper, Department of Statistics, University of British Columbia, 1996.

[46] Jung W. , Chae S. , Yang J. et al. Characteristics of the Korean stock market correlations [J]. *Physica A*, 2006, 361 (1): 263 –271.

[47] Kantelhardt J. W. , Zschiegner S. A. , Koscielny-Bunde E. et al. Multifractal detrended fluctuation analysis of nonstationary time series [J]. *Physica A*, 2002, 316 (1 –4): 87 –114.

[48] Keskin M. , Deviren B. , Kocakaplan Y. Topology of the correlation networks among major currencies using hierarchical structure methods [J]. *Physica A*, 2011, 390 (4): 719 –730.

[49] Kim H. , Oh G. , Kim S. Multifractal analysis of the Korean agricultural market [J]. *Physica A*, 2011, 390 (23 –24): 4286 –4292.

[50] Kim K. , Jung S. S. Empirical analysis of structural change in Credit Default Swap volatility [J]. *Chaos, Solitons & Fractals*, 2014, 60: 56 –67.

[51] Kim S. , Kim S. Y. , Jung J. et al. Dynamical analyses of the time series for three foreign exchange rates [J]. *Journal of the Korean Physical Society*, 2012, 60 (9): 1473 –1476.

[52] Kruskal J. B. On the shortest spanning subtree of a graph and the traveling salesman problem [J]. *Proceedings of the American Mathematical Society*, 1956, 7 (1): 48 –50.

[53] Kulkarni V. , Deo N. Correlation and volatility in an Indian stock

market: A random matrix approach [J]. *The European Physical Journal B*, 2007, 60 (1): 101 –109.

[54] Kumar S. , Deo N. Correlation and network analysis of global financial indices [J]. *Physical Review E*, 2012, 86 (2): 026101.

[55] Kwapień J. , Drożdż S. , Oświęcimka P. The bulk of the stock market correlation matrix is not pure noise [J]. *Physica A*, 2006, 359: 589 –606.

[56] Kwapień J. , Gworek S. , Drożdż S. et al. Analysis of a network structure of the foreign currency exchange market [J]. *Journal of Economic Interaction and Coordination*, 2009, 4 (1): 55 –72.

[57] Lai Y. , Chen C. W. S. , Gerlach R. Optimal dynamic hedging via copula-threshold-GARCH models [J]. *Mathematics and Computers in Simulation*, 2009, 79 (8): 2609 –2624.

[58] Laloux L. , Cizeau P. , Bouchaud J. P. et al. Noise dressing of financial correlation matrices [J]. *Physical Review Letters*, 1999, 83 (7): 1467 – 1470.

[59] Levitin A. *Introduction to the design & analysis of algorithms* [M]. Boston: Addison Wesley, 2011.

[60] Liu L. , Wan J. A study of correlations between crude oil spot and futures markets: A rolling sample test [J]. *Physica A*, 2011, 390 (21 – 22): 3754 –3766.

[61] Liu L. , Wan J. The relationships between Shanghai stock market and CNY/USD exchange rate: New evidence based on cross-correlation analysis, structural cointegration and nonlinear causality test [J]. *Physica A*, 2012, 391 (23): 6051 –6059.

[62] Ljung G. M. , Box G. E. P. On a measure of a lack of fit in time series models [J]. *Biometrika*, 1978, 65 (2): 297 – 303.

[63] Lyócsa Š. , Výrost T. , Baumöhl E. Stock market networks: The dynamic conditional correlation approach [J]. *Physica A*, 2012, 391 (16): 4147 – 4158.

[64] Mandelbrot B. B. How long is the coast of Britain? Statistical self-similarity and fractional dimension [J]. *Science*, 1967, 156 (3775): 636 – 638.

[65] Mandelbrot B. B. *The Fractal Geometry of Nature* [M]. New York: W. H. Freeman Publishers, 1982.

[66] Mantegna R. N. Hierarchical structure in financial markets [J]. *The European Physical Journal B*, 1999, 11 (1): 193 – 197.

[67] Mantegna R. N. , Stanley H. E. *An Introduction to Econophysics: Correlations and Complexity in Finance* [M]. Cambridge: Cambridge University Press, 2000.

[68] Markowitz H. Portfolio selection [J]. *Journal of Finance*, 1952, 7 (1): 77 – 91.

[69] Matesanz D. , Ortega G. J. Network analysis of exchange data: Interdependence drives crisis contagion [J]. *Quality & Quantity*, 2014, 48 (4): 1835 – 1851.

[70] Matia K. , Ashkenazy Y. , Stanley H. E. Multifractal properties of price fluctuations of stocks and commodities [J]. *Europhysics Letters*, 2003, 61 (3): 422 – 428.

[71] Meng H. , Xie W. , Jiang Z. et al. Systemic risk and spatiotemporal dynamics of the US housing market [J]. *Scientific Reports*, 2014,

4：3655.

[72] Miccich E S. Empirical relationship between stocks' cross-correlation and stocks' volatility clustering [J]. *Journal of Statistical Mechanics*, 2013（5）：P5015.

[73] Mizuno T. , Takayasu H. , Takayasu M. Correlation networks among currencies [J]. *Physica A*, 2006, 364：336 – 342.

[74] Müller M. *Information Retrieval for Music and Motion* [M]. New York：Springer-Verlag, 2007.

[75] Myers C. , Rabiner L. , Rosenberg A. E. Performance tradeoffs in dynamic time warping algorithms for isolated word recognition [J]. *IEEE Transactions on Acoustics Speech and Signal Processing*, 1980, 28（6）：623 – 635.

[76] Namaki A. , Jafari G. R. , Raei R. Comparing the structure of an emerging market with a mature one under global perturbation [J]. *Physica A*, 2011, 390（17）：3020 – 3025.

[77] Naylor M. J. , Rose L. C. , Moyle B. J. Topology of foreign exchange markets using hierarchical structure methods [J]. *Physica A*, 2007, 382（1）：199 – 208.

[78] Norouzzadeh P. , Rahmani B. A multifractal detrended fluctuation description of Iranian rial-US dollar exchange rate [J]. *Physica A*, 2006, 367：328 – 336.

[79] Oh G. , Eom C. , Havlin S. et al. A multifractal analysis of Asian foreign exchange markets [J]. *The European Physical Journal B*, 2012, 85（6）：214.

[80] Oh G. , Eom C. , Wang F. et al. Statistical properties of cross-

correlation in the Korean stock market [J]. *The European Physical Journal B*, 2011, 79 (1): 55 - 60.

[81] Onnela J. P. , Chakraborti A. , Kaski K. et al. Dynamics of market correlations: Taxonomy and portfolio analysis [J]. *Physical Review E*, 2003, 68 (5): 056110.

[82] Onnela J. P. , Kaski K. , Kertész J. Clustering and information in correlation based financial networks [J]. *The European Physical Journal B*, 2004, 38 (2): 353 - 362.

[83] Ortega G. J. , Matesanz D. Cross-country hierarchical structure and currency crises [J]. *International Journal of Modern Physics C*, 2005, 17 (3): 333 - 342.

[84] Pan R. K. , Sinha S. Collective behavior of stock price movements in an emerging market [J]. *Physical Review E*, 2007, 76 (4): 046116.

[85] Papapetrou P. , Athitsos V. , Potamias M. et al. Embedding-based subsequence matching in time-series databases [J]. *ACM Transactions on Database Systems*, 2011, 36 (3): 1 - 39.

[86] Patton A. J. Estimation of multivariate models for time series of possibly different lengths [J]. *Journal of Applied Econometrics*, 2006, 21 (2): 147 - 173.

[87] Patton A. J. Modelling asymmetric exchange rate dependence [J]. *International Economic Review*, 2006, 47 (2): 527 - 556.

[88] Peng C. K. , Buldyrev S. V. , Havlin S. et al. Mosaic organization of DNA nucleotides [J]. *Physical Review E*, 1994, 49 (2): 1685 - 1689.

[89] Peters E. E. *Fractal Market Analysis: Applying Chaos Theory to Investment and Economics* [M]. New Jersey: John Wiley & Sons, 2002.

[90] Plerou V. , Gopikrishnan P. , Rosenow B. et al. Universal and nonuniversal properties of cross correlations in financial time series [J]. *Physical Review Letters*, 1999, 83 (7): 1471 – 1474.

[91] Plerou V. , Gopikrishnan P. , Rosenow B. et al. Random matrix approach to cross correlations in financial data [J]. *Physical Review E*, 2002, 65 (6): 066126.

[92] Podobnik B. , Grosse I. , Horvatić D. et al. Quantifying cross-correlations using local and global detrending approaches [J]. *The European Physical Journal B*, 2009, 71 (2): 243 – 250.

[93] Podobnik B. , Horvatic D. , Lam Ng A. et al. Modeling long-range cross-correlations in two-component ARFIMA and FIARCH processes [J]. *Physica A*, 2008, 387 (15): 3954 – 3959.

[94] Podobnik B. , Horvatić D. , Petersen A. M. et al. Cross-correlations between volume change and price change [J]. *Proceedings of the National Academy of Sciences of the United States of America*, 2009, 106 (52): 22079 – 22084.

[95] Podobnik B. , Jiang Z. Q. , Zhou W. X. et al. Statistical tests for power-law cross-correlated processes [J]. *Physical Review E*, 2011, 84 (6): 066118.

[96] Podobnik B. , Stanley H. E. Detrended cross-correlation analysis: A new method for analyzing two nonstationary time series [J]. *Physical Review Letters*, 2008, 100 (8): 084102.

[97] Podobnik B. , Wang D. , Horvatic D. et al. Time-lag cross-correlations in collective phenomena [J]. *Europhysics Letters*, 2010, 90 (6): 68001.

［98］Pozzi F. , Di Matteo T. , Aste T. Centrality and peripherality in filtered graphs from dynamical financial correlations ［J］. *Advances in Complex Systems*, 2008, 11 （6）: 927 – 950.

［99］Prim R. C. Shortest connection networks and some generalizations ［J］. *Bell System Technical Journal*, 1957, 36 （6）: 1389 – 1401.

［100］Qiu T. , Zheng B. , Chen G. Financial networks with static and dynamic thresholds ［J］. *New Journal of Physics*, 2010, 12 （4）: 043057.

［101］Rak R. , Kwapień J. , Drożdż S. et al. Cross-correlations in Warsawstock exchange ［J］. *Acta Physica Polonica B*, 2008, 114 （3）: 561 – 568.

［102］Reboredo J. C. , Rivera-Castro M. A. , Zebende G. F. Oil and US dollar exchange rate dependence: A detrended cross-correlation approach ［J］. *Energy Economics*, 2014, 42: 132 – 139.

［103］Rizvi S. A. R. , Dewandaru G. , Bacha O. I. et al. An analysis of stock market efficiency: Developed vs Islamic stock markets using MF-DFA ［J］. *Physica A*, 2014, 407: 86 – 99.

［104］Rosenow B. Determining the optimal dimensionality of multivariate volatility models with tools from random matrix theory ［J］. *Journal of Economic Dynamics and Control*, 2008, 32 （1）: 279 – 302.

［105］Rosenow B. , Gopikrishnan P. , Plerou V. et al. Dynamics of cross-correlations in the stock market ［J］. *Physica A*, 2003, 324 （1）: 241 – 246.

［106］Sandoval Junior L. , Franca I. D. P. Correlation of financial markets in times of crisis ［J］. *Physica A*, 2012, 391 （1 – 2）: 187 – 208.

［107］Sarkar A. , Barat P. Scaling analysis on Indian foreign exchange market ［J］. *Physica A*, 2006, 364: 362 – 368.

［108］ Schmitt F. G. , Ma L. , Angounou T. Multifractal analysis of the dollar-yuan and euro-yuan exchange rates before and after the reform of the peg ［J］. *Quantitative Finance*, 2011, 11 (4): 505 – 513.

［109］ Sengupta A. M. , Mitra P. P. Distributions of singular values for some random matrices ［J］. *Physical Review E*, 1999, 60 (3): 3389 – 3392.

［110］ Sensoy A. , Yuksel S. , Erturk M. Analysis of cross-correlations between financial markets after the 2008 crisis ［J］. *Physica A*, 2013, 392 (20): 5027 – 5045.

［111］ Sharifi S. , Crane M. , Shamaie A. et al. Random matrix theory for portfolio optimization: a stability approach ［J］. *Physica A*, 2004, 335 (3): 629 – 643.

［112］ Shen J. , Zheng B. Cross-correlation in financial dynamics ［J］. *Europhysics Letters*, 2009, 86 (4): 48005.

［113］ Sieczka P. , Hołyst J. A. Correlations in commodity markets ［J］. *Physica A*, 2009, 388 (8): 1621 – 1630.

［114］ Siqueira Jr. E. L. , Stošić T. , Bejan L. et al. Correlations and cross-correlations in the Brazilian agrarian commodities and stocks ［J］. *Physica A*, 2010, 389 (14): 2739 – 2743.

［115］ Sklar A. Fonctions de répartition á n dimensions et leurs marges ［J］. *Publications de l'Institut de Statistique de l'Université de Paris*, 1959, 8: 229 – 231.

［116］ Sklar A. Random variables, joint distribution functions, and copulas ［J］. *Kybernetika*, 1973, 9 (6): 449 – 460.

[117] Song D. M. , Tumminello M. , Zhou W. X. et al. Evolution of worldwide stock markets, correlation structure, and correlation-based graphs [J]. *Physical Review E*, 2011, 84 (2): 026108.

[118] Stanley H. E. , Amaral L. A. N. , Goldberger A. L. et al. Statistical physics and physiology: Monofractal and multifractal approaches [J]. *Physica A*, 1999, 270 (1 –2): 309 –324.

[119] Sun J. Retrospect of the Chinese exchange rate regime after reform: Stylized facts during the period from 2005 to 2010 [J]. *China & World Economy*, 2010, 18 (6): 19 –35.

[120] Tabak B. M. , Cajueiro D. O. Are the crude oil markets becoming weakly efficient over time? A test for time-varying long-range dependence in prices and volatility [J]. *Energy Economics*, 2007, 29 (1): 28 –36.

[121] Tabak B. M. , Serra T. R. , Cajueiro D. O. Topological properties of stock market networks: The case of Brazil [J]. *Physica A*, 2010, 389 (16): 3240 –3249.

[122] Trancoso T. Emerging markets in the global economic network: Real (ly) decoupling? [J]. *Physica A*, 2014, 395: 499 –510.

[123] Tumminello M. , Aste T. , Di Matteo T. et al. A tool for filtering information in complex systems [J]. *Proceedings of the National Academy of Sciences of the United States of America*, 2005, 102 (30): 10421 –10426.

[124] Utsugi A. , Ino K. , Oshikawa M. Random matrix theory analysis of cross correlations in financial markets [J]. *Physical Review E*, 2004, 70 (2): 026110.

[125] Vandewalle N. , Ausloos M. Crossing of two mobile averages: A method for measuring the roughness exponent [J]. *Physical Review E*,

1998, 58 (5): 6832 – 6834.

[126] Vandewalle N. , Brisbois F. , Tordoir X. Non-random topology of stock markets [J]. *Quantitative Finance*, 2001, 1 (3): 372 – 374.

[127] Vassoler R. T. , Zebende G. F. DCCA cross-correlation coefficient apply in time series of air temperature and air relative humidity [J]. *Physica A*, 2012, 391 (7): 2438 – 2443.

[128] Vizgunov A. , Goldengorin B. , Kalyagin V. et al. Network approach for the Russian stock market [J]. *Computational Management Science*, 2014, 11 (1 – 2): 45 – 55.

[129] Wang G. J. , Xie C. Cross-correlationsbetween WTI crude oil market and US stock market: a perspective from econophysics [J]. *Acta Physica Polonica B*, 2012, 43 (10): 2021 – 2036.

[130] Wang G. J. , Xie C. , Chen S. et al. Cross-correlations between energy and emissions markets: New evidence from fractal and multifractal analysis [J]. *Mathematical Problems in Engineering*, 2014, 2014: 197069.

[131] Wang K. , Chen Y. , Huang S. The dynamic dependence between the Chinese market and other international stock markets: A time-varying copula approach [J]. *International Review of Economics & Finance*, 2011, 20 (4): 654 – 664.

[132] Wang Y. , Liu L. Is WTI crude oil market becoming weakly efficient over time?: New evidence from multiscale analysis based on detrended fluctuation analysis [J]. *Energy Economics*, 2010, 32 (5): 987 – 992.

[133] Wang Y. , Liu L. , Gu R. Analysis of efficiency for Shenzhen stock market based on multifractal detrended fluctuation analysis [J]. *International Review of Financial Analysis*, 2009, 18 (5): 271 – 276.

[134] Wang Y. , Wei Y. , Wu C. Cross-correlations between Chinese A-share and B-share markets [J]. *Physica A*, 2010, 389 (23): 5468 – 5478.

[135] Wang Y. , Wei Y. , Wu C. Analysis of the efficiency and multi-fractality of gold markets based on multifractal detrended fluctuation analysis [J]. *Physica A*, 2011, 390 (5): 817 – 827.

[136] Wang Y. , Wei Y. , Wu C. Detrended fluctuation analysis on spot and futures markets of West Texas Intermediate crude oil [J]. *Physica A*, 2011, 390 (5): 864 – 875.

[137] Wen F. , Liu Z. A Copula-based correlation measure and its application in Chinese stock market [J]. *International Journal of Information Technology & Decision Making*, 2009, 8 (4): 787 – 801.

[138] Wen X. , Wei Y. , Huang D. Speculative market efficiency and hedging effectiveness of emerging Chinese index futures market [J]. *Journal of Transnational Management*, 2011, 16 (4): 252 – 269.

[139] Wigner E. P. On a class of analytic functions from the quantum theory of collisions [J]. *The Annals of Mathematics*, 1951, 53 (1): 36 – 67.

[140] Wilcox D. , Gebbie T. An analysis of cross-correlations in an emerging market [J]. *Physica A*, 2007, 375 (2): 584 – 598.

[141] Yang C. , Shen Y. , Xia B. Evolution of Shanghai stock market based on maximal spanning trees [J]. *Modern Physics Letters B*, 2013, 27 (3): 1350022.

[142] Zebende G. F. DCCA cross-correlation coefficient: Quantifying level of cross-correlation [J]. *Physica A*, 2011, 390 (4): 614 – 618.

［143］Zhang Y. , Lee G. H. T. , Wong J. C. et al. Will the US econo-my recover in 2010? A minimal spanning tree study ［J］. *Physica A*, 2011, 390 (11): 2020 – 2050.

［144］Zhou W. X. Multifractal detrended cross-correlation analysis for two nonstationary signals ［J］. *Physical Review E*, 2008, 77 (6): 066211.

［145］狄增如. 系统科学视角下的复杂网络研究 ［J］. 上海理工大学学报, 2011, 32 (2): 111 – 116.

［146］都国雄, 宁宣熙. 上海证券市场的多重分形特性分析 ［J］. 系统工程理论与实践, 2007, 27 (10): 40 – 47.

［147］方匡南, 蔡振忠. 我国股指期货价格发现功能研究 ［J］. 统计研究, 2012 (5): 73 – 78.

［148］何诚颖, 张龙斌, 陈薇. 基于高频数据的沪深300指数期货价格发现能力研究 ［J］. 数量经济技术经济研究, 2011 (5): 139 – 151.

［149］黄超, 吴清烈, 武忠, 等. 基于方差波动多重分形特征的金融时间序列聚类 ［J］. 系统工程, 2006 (6): 100 – 103.

［150］黄玮强, 庄新田, 姚爽. 中国股票关联网络拓扑性质与聚类结构分析 ［J］. 管理科学, 2008, 21 (3): 94 – 103.

［151］刘园, 虞海侠, 胡雅珊. 金融市场学教程 ［M］. 北京: 对外经济贸易大学出版社, 2007.

［152］陆前进. 人民币汇率变动研究——基于人民币对美元和非美元货币汇率的分析 ［J］. 数量经济技术经济研究, 2009 (7): 3 – 18.

［153］罗英, 蔡玉梅, 崔小梅, 等. 资产组合协方差矩阵的信息结构 ［J］. 预测, 2013, 32 (4): 26 – 30.

［154］潘越. 基于非线性 Granger 因果检验的股市间联动关系研究

[J]．数量经济技术经济研究，2008，25（9）：87－100．

[155] 王承炜，吴冲锋．中国股市价格——交易量的线性及非线性因果关系研究 [J]．管理科学学报，2002（4）：7－12．

[156] 王璐，王沁，陈勇明．金融市场相关性的 Chi-plot 测度 [J]．数学的实践与认识，2008，38（4）：27－32．

[157] 王永巧，刘诗文．基于时变 Copula 的金融开放与风险传染 [J]．系统工程理论与实践，2011，31（4）：778－784．

[158] 韦艳华，张世英．金融市场的相关性分析——Copula-GARCH 模型及其应用 [J]．系统工程，2004，22（4）：7－12．

[159] 魏卓，陈冲，魏先华．基于高频数据的中国市场股指期货套利 [J]．系统工程理论与实践，2012，32（3）：476－482．

[160] 文凤华，刘文井，杨晓光．沪深 300 指数期货与现货市场的动态关联性研究——基于 2010 年 4 月 16 日以来的高频数据 [J]．长沙理工大学学报（社会科学版），2011（2）：28－34．

[161] 吴吉林，原鹏飞．信息、政策冲击和中国股票、债券及外汇市场一体化——基于 AG－DCC 模型的金融市场动态相关性分析 [J]．南方经济，2009（11）：12－21．

[162] 许少强，李亚敏．参考"一篮子"货币的人民币汇率预测——基于 ARMA 模型的实证方法 [J]．世界经济文汇，2007（3）：30－40．

[163] 张建辉．谈非线性科学体系的构成及其与管理科学的关系 [J]．商业时代，2011（32）：18－19．

[164] 张亦春，郑振龙，林海．金融市场学 [M]．北京：高等教育出版社，2008．

[165] 赵海蕾，李晓钟．人民币一篮子货币实证分析：瑞郎计价法

与 SDR 计价法比较 [J]. 中国经贸导刊, 2009 (22): 62 - 63.

[166] 周继忠. 人民币参照货币篮子: 构成方式、稳定程度及承诺水平 [J]. 国际金融研究, 2009 (3): 16 - 22.